PATRONOS DA JMJ LISBOA 2023

Todos os direitos reservados pela Paulus Editora. Nenhuma parte desta publicação poderá ser reproduzida, seja por meios mecânicos, eletrônicos, seja via cópia xerográfica, sem a autorização prévia da Editora.

Direção editorial (edição portuguesa)
Ir. Eliete Duarte, fsp, e Pe. Tiago Melo, ssp

© PAULUS Editora, 2022 (Portugal)

© Maio 2022, Inst. Miss. Filhas de São Paulo

Depósito legal 499395/22

ISBN 978-972-30-2257-5

Textos
Pe. Luiz Miguel Duarte, ssp
  São João Paulo II; Santo Antônio de Lisboa; São João Bosco;
  São Bartolomeu dos Mártires; São João de Brito
  e Beata Joana de Portugal
Pe. Ricardo Figueiredo
  São Vicente; Beato Carlo Acutis; Beato Marcel Callo;
  Beato Pier Giorgio Frassati; Beata Chiara Badano;
  e Beata Maria Clara do Menino Jesus
Pe. João Caniço, sj
  Beato João Fernandes

Ilustrações
Pe. Christopher Sousa

Parceria Fundação JMJ Lisboa 2023 – lisboa2023.org

Direção editorial: Pe. Sílvio Ribas (PAULUS)
Ir. Flávia Reginatto (PAULINAS)
Gerente de design: Danilo Alves Lima
Coordenação de revisão: Tiago José Risi Leme
Impressão e acabamento: PAULUS

FSC
www.fsc.org
MISTO
Papel produzido a partir de fontes responsáveis
FSC® C108975

1ª edição, 2022

© PAULUS – 2022

Rua Francisco Cruz, 229
04117-091 • São Paulo (Brasil)
Tel.: (11) 5087-3700
paulus.com.br
editorial@paulus.com.br

ISBN 978-65-5562-629-2

© PAULINAS – 2022

Rua Dona Inácia Uchoa, 62
04110-020 • São Paulo (Brasil)
Tel.: (11) 2125-3500
paulinas.com.br
editora@paulinas.com.br

ISBN 978-65-5808-166-1

PATRONOS DA JMJ LISBOA 2023

Uma peregrinação de fé e alegria!

Cada Jornada Mundial da Juventude é uma peregrinação de fé e alegria à qual a Igreja convida os jovens a tomar parte. Este convite chega-lhes nas mais diversas partes do mundo, e incita-os a levantarem-se e a "partirem apressadamente" para encontrar Jesus Cristo, plenamente vivo e presente no Evangelho, nos Sacramentos e na Igreja, nossa família universal.

Desta vez a peregrinação intercontinental da JMJ levará os jovens a Lisboa. Nenhum deles, porém, fará esta viagem sozinho. Eles serão acompanhados pela Virgem Maria e também pelos Santos e Beatos Patronos da Jornada. Tais Patronos não são "heróis do passado" nem "celebridades" distantes, mas irmãos e irmãs na fé que querem partilhar com todos os jovens a sua própria experiência de terem seguido a Cristo enquanto jovens e pelas diversas aventuras que a vida lhes proporcionou.

Pensemos neles a partir desta nova perspectiva: como irmãos e irmãs de caminhada. Talvez alguns deles sejam conhecidos somente através de quadros e imagens, mas se fizermos a experiência de caminhar junto com eles, na comunhão dos Santos, eles já não nos serão estranhos. Tornar-se-ão como autênticos amigos e familiares em Cristo.

Que o tempo de preparação e a vivência das Jornadas em Lisboa sejam para os jovens uma oportunidade para descobrirem a presença e desfrutarem da companhia daqueles que os precederam no seu caminho para o Céu, e que hoje se dispõem a caminhar junto com eles.

Que a comunhão dos Santos seja não só uma frase do Credo, mas uma experiência concreta e pessoal. Que o diálogo intergeracional com estes Santos, que à primeira vista podem parecer muito diferentes, traga aos jovens respostas às perguntas e preocupações próprias do tempo que vivem. Que esta experiência de caminhar juntos inspire a fé e a alegria dos jovens na sua vida quotidiana!

Cardeal Kevin Farrell
Prefeito do Dicastério para os Leigos,
a Família e a Vida

PREFÁCIO

Padroeira por excelência da próxima Jornada Mundial da Juventude é a Virgem Maria, a jovem que aceitou ser Mãe do Filho de Deus encarnado. Ela que se levantou e foi apressadamente para a montanha, ao encontro de sua prima Isabel, levando-lhe Jesus que concebera. Assim, ensina os jovens de todo o tempo e lugar a levarem Jesus aos outros que o esperam, agora como no passado!

Patrono é também São João Paulo II, a quem se deve a iniciativa das Jornadas, que têm reunido e animado milhões de jovens dos cinco continentes.

Patronos e padroeiras são todos os santos e santas que se dedicaram ao serviço da juventude e em especial São João Bosco, que São João Paulo II declarou "Pai e Mestre da Juventude". Aos formadores propôs o seu "sistema preventivo", de permanente atualidade: "Estai com os jovens, evitai o pecado pela razão, religião e amabilidade. Tornai-vos santos, educadores de santos. Que os nossos jovens sintam que são amados".

Contamos também com a proteção de São Vicente, diácono e mártir do século IV, que, sendo patrono da diocese de Lisboa, a todos acolherá e reforçará com a sua caridade e testemunho evangélico.

Realizando-se em Lisboa, a Jornada terá o apoio celestial de alguns santos lisboetas, que daqui partiram para anunciar a Cristo. Como Santo Antônio, nascido por volta de 1190, que mais tarde seguiria, já franciscano, rumo a Marrocos primeiro e, logo de seguida, para a Itália, para o Sul de França e de novo para Itália, convertendo muita gente ao Evangelho que vivia e pregava. Faleceu em Pádua em 1231 e, um ano depois, já tinha sido canonizado, tal era a certeza da sua santidade. O papa Leão XIII chamou-lhe "o santo do mundo inteiro".

Também de Lisboa foi, séculos depois, São Bartolomeu dos Mártires, dominicano e arcebispo de Braga. Partiu para Trento, tomando parte na última fase (1562-63) do Concílio que ali quis reformar a Igreja, tornando os pastores mais próximos das ovelhas, como o Evangelho requer e tanto insiste o papa Francisco. São Bartolomeu foi, no Concílio e depois, determinante neste propósito e ainda hoje nos motiva a todos.

Um século depois, outro jovem lisboeta, São João de Brito, jesuíta, partiu para a Índia, para anunciar Cristo. Incansável no anúncio e nas viagens difíceis, vestindo e falando de modo a chegar a todos os grupos e classes, foi martirizado em Oriur, em 1693.

Acompanham-nos igualmente alguns bem-aventurados (beatificados), também lisboetas. A primeira, Joana de Portugal, filha do rei Afonso V, que podendo ter sido rainha em vários reinos da Europa preferiu unir-se a Cristo e à sua Paixão, partindo para o claustro aos dezenove anos. Faleceu em Aveiro, no convento das dominicanas, em 1490. Chamamos-lhe Santa Joana Princesa e ela nos convida a escolhas radicais.

Em 1570, João Fernandes, jovem jesuíta, foi martirizado ao largo das Canárias quando se dirigia para a missão do Brasil. Foi um dos quarenta mártires dessa delegação, chefiados pelo Beato Inácio de Azevedo. Tinham partido em resposta ao seu apelo missionário e decerto contribuíram desse modo no Céu para a missão que não conseguiram realizar na terra.

Mais tarde, Maria Clara do Menino Jesus, jovem aristocrata nascida nos arredores da capital. Ficou órfã muito cedo, mas decidiu ser "mãe" dos desamparados. Ainda que fosse oficialmente proibido, conseguiu fundar uma congregação religiosa dedicada a essa causa (Franciscanas Hospitaleiras da Imaculada Conceição). Até falecer, em 1899, ultrapassou todas as oposições, repetindo: "Onde é preciso fazer o bem, que se faça!".

A estes jovens lisboetas que "partiram" como a Mãe de Jesus, quer na geografia do mundo quer na geografia da alma, para levarem Cristo a muitos outros, juntam-se patronos de outras origens mas do mesmo Reino. Como o Bem-aventurado Pedro Jorge Frassati que, até falecer em Turim, em 1925, aos vinte e quatro anos, a muitos tocou com o dinamismo, a alegria e a caridade com que vivia o Evangelho, tanto escalando os Alpes como servindo os pobres. São João Paulo II chamou-lhe "o Homem das Oito Bem-Aventuranças".

Com a mesma juventude e generosidade, contamos com o Bem-aventurado Marcel Callo, nascido em Rennes e falecido no campo de concentração de Mauthausen em 1945. Foi escoteiro e depois jocista (Juventude Operária Católica) e quando, aos 22 anos, foi chamado para o trabalho obrigatório na Alemanha, para lá partiu, com a firme intenção de continuar o apostolado nessa duríssima condição. Por isso o levaram depois para o campo de concentração onde viria a morrer.

Contamos ainda com a proteção de dois jovens bem-aventurados que também "partiram", mesmo quando a doença lhes imobilizou o corpo, mas não o coração. Como Cristo pregado na cruz, que daí mesmo partiu para o Pai e nos salvou a todos com a vida que entregou. Foi com Cristo abandonado na cruz que se quis identificar a Bem-aventurada Chiara Badano, jovem focolarina, quando, aos 16 anos, a doença a surpreendeu. Faleceria dois anos depois, em 1990, irradiando sempre uma alegria luminosa que confirmou o nome de "*Luce*", que Chiara Lubich lhe dera.

No ano seguinte, 1991, nasceu o Bem-aventurado Carlo Acutis, que veio a morrer de leucemia em Monza aos quinze anos. A sua curta vida foi preenchida com grande devoção mariana e eucarística, que a habilidade com o computador lhe permitiu difundir, mesmo durante a doença. Assim mesmo fez do seu sofrimento uma oferta e partiu feliz.

No tempo de cada um, os/as patronos/as da JMJ Lisboa 2023 demonstraram que a vida de Cristo preenche e salva a juventude de sempre. Com eles contamos, com eles partimos!

Dom Manuel Clemente
Cardeal-Patriarca de Lisboa

São João Paulo II

INCANSÁVEL MISSIONÁRIO DA PAZ

Tarefa árdua, ou talvez impossível, é resumir em poucas linhas a complexa existência de um ser humano. Essa convicção vale ainda mais em relação a um homem que testemunhou de perto as abomináveis consequências do regime nazista, os horrores da Segunda Guerra Mundial, além de ter tido um dos pontificados mais longos da História. Cabe-nos, pois, sublinhar alguns aspectos significativos da vida de Karol Wojtyla, o papa SÃO JOÃO PAULO II.

Karol nasceu em 18 de maio de 1920 em Wadowice, Polónia. Consta que a sua mãe, Emília, correu sérios riscos durante a gestação. No entanto, o menino acabou por nascer saudável, atraindo os olhares e a curiosidade dos familiares e amigos que se interrogavam: O que será deste menino? Que coisas lhe terá Deus reservado? Convém acrescentar que Karol veio de uma família católica. Ele mesmo recordará mais tarde: "A preparação para o sacerdócio, recebida no seminário, foi de algum modo precedida pela que me fora oferecida pela vida e pelo exemplo dos meus pais, em família".

Bem cedo conheceu a dor da perda dos seus entes queridos: a sua mãe morreu com apenas quarenta e cinco anos de idade, quando Karol estava prestes a completar nove e, três anos depois, faleceu o seu irmão Edmundo, um jovem médico. Assim, ao futuro Papa restou apenas a companhia do pai, um militar aposentado com o grau de capitão, que ensinou o menino a nadar, estudar, rezar e a contemplar os mistérios de Deus. Mas o pai partiu também pouco depois e Karol ficou só.

Ele o confirmará tempos depois: "Aos vinte anos eu já tinha perdido todos os que nesta vida tinha podido amar".

Restaram os amigos. Para ele a amizade constituiu um dos grandes pilares de sustentação da sua vida. Em vez de se isolar ou de se refugiar na solidão, investiu na convivência, valorizando relacionamentos sadios. Interessava-se por esporte, teatro e poesia. Foi ator.

A partir da adolescência, Karol foi-se inteirando da situação política e social do seu país natal. Cresceu desenvolvendo uma certa familiaridade com os seus vizinhos judeus. Com a ocupação alemã, ele viu milhares de judeus serem obrigados a abandonar a cidade de Cracóvia, onde então morava, no final de 1940. Acompanhou a grande "catástrofe", que foram os campos de concentração nazista. Mais tarde, já cardeal, durante os exercícios espirituais que foi convidado a pregar a Paulo VI e à Cúria Pontifícia, Karol afirmou que "os campos de concentração permanecerão para sempre como símbolos reais do inferno sobre a terra. Neles exprimiu-se o máximo do mal que o homem é capaz de fazer a outro homem".

No contexto da Segunda Guerra Mundial, Karol acalentava e amadurecia a sua vocação ao sacerdócio: "Perante o alastramento do mal e das atrocidades da guerra, tornava-se-me cada vez mais claro o sentimento do sacerdócio e da sua missão no mundo".

Não faltaram padres amigos que o incentivaram nessa busca quando, por exemplo, conheceu e aprofundou a mística de São João da Cruz. Leu com vivo interesse o *Tratado da Verdadeira Devoção à Santíssima Virgem*, de São Luís Grignion de Montfort, de quem escolheu o lema para o seu pontificado: *Totus tuus* (Todo teu). Durante todo o seu pontificado, incentivará a prática da oração do Rosário, "um tesouro a descobrir". Em 1987, publicou a Encíclica *Redemptoris Mater* (Mãe do Redentor).

Visto que era proibido pelo governo o funcionamento de seminários, Wojtyla teve de encontrar uma forma clandestina de completar a sua formação. Mesmo em condições muito adversas, contou com bons mestres de teologia e de vida. Mais tarde, relembrando aqueles tempos de preparação para o ministério sacerdotal, revelará: "Muito me foi poupado do grande e horrendo *theatrum* (espetáculo) da Segunda Guerra Mundial. Todos os dias eu poderia ter sido arrancado de casa, da mina de pedra, da fábrica para ser levado para o campo de concentração. Às vezes perguntava-me a mim mesmo: se tantos dos meus contemporâneos perdem a vida, por que não eu? Hoje sei que não foi por acaso".

Foi também num contexto de opressão e perseguição aos poloneses, que acendeu em Wojtyla o interesse pela mensagem da misericórdia divina, que lhe chegou por meio de uma religiosa, Irmã Faustina Kowalsca. No seu livro *Memória e Identidade*, João Paulo II escreveu que a visão de Irmã Faustina foi uma resposta "àquelas ideologias do mal que foram o nazismo e o comunismo". E acrescentou: "A única verdade capaz de contrabalançar aquelas ideologias era a misericórdia de Deus".

Mais tarde, já depois da sua eleição papal, aprofundará o tema da misericórdia na sua Encíclica *Dives in Misericordia* (Rico em misericórdia), publicada no fim de 1980, ano conturbado no qual, entre outros fatos dolorosos, se registou o martírio de Dom Oscar Romero, arcebispo de São Salvador, assassinado no altar enquanto celebrava a Eucaristia.

Karol Wojtyla foi ordenado presbítero no dia 1º de novembro de 1946 e imediatamente enviado para Roma para completar a sua tese de doutorado. Aí permaneceu entre 1946 e 1948. Foi nessa altura que tomou contato com a pastoral operária da JOC (Juventude Operária Católica). Voltou ao seu país de origem, convencido de que o sacerdócio está intimamente ligado à pastoral e ao apostolado dos leigos. Por isso, ele se dedicará com total empenho à pastoral operária e aos jovens. Mais tarde, escreverá que o segredo da eficácia do sacerdote "está sempre na santidade que se exprime na oração e na meditação, no espírito de sacrifício e no ardor missionário".

É com essas experiências e convicções que o jovem padre haverá de enfrentar a crise da Igreja nos anos pós-conciliares. Passou, entretanto, uma temporada numa paróquia rural em que a catequese, as visitas às famílias, as confissões eram as suas principais ocupações. Sem demora, foi convidado a trabalhar também na pastoral universitária.

Aos 38 anos de idade foi nomeado e ordenado bispo de Cracóvia. Pôde então participar do Concílio Vaticano II (1962-1965), durante o qual contribuiu ativamente para a elaboração dos Documentos conciliares.

Com a morte do papa João Paulo I, Karol Wojtyla, com 58 anos de idade, foi eleito Papa, assumindo o nome de João Paulo II. Foi no dia 16 de outubro de 1978.

Entre as principais características do seu pontificado destacam-se a valorização da mulher, tema que ele desenvolveu na Carta Apostólica *Mulieris dignitatem* (sobre a dignidade da mulher); o contato com pessoas de todas as partes do mundo; e vasta produção de escritos oficiais, com destaque para *Redemptor hominis* (Redentor do homem), a carta programática do seu governo. Empenhou-se vigorosamente na queda de regimes totalitários. Em 1984, criou a JMJ – Jornada Mundial da Juventude.

Apesar dos sofrimentos e contrariedades do passado, João Paulo II não se tornou refém da desolação nem da inércia. Nem se deixou intimidar pelo grave atentado que sofreu na Praça de São Pedro, dois anos e meio após o início do seu pontificado, precisamente no dia 13 de maio de 1981. É verdade que os dois disparos que lhe perfuraram o corpo lhe deixaram enormes sequelas e ele necessitou de um longo tempo para se recuperar. Contudo, assim que pôde, voltou com renovada disposição aos compromissos agendados, decidido a levar adiante a missão que havia assumido. Só uma pessoa profundamente enraizada em Deus, cheia de fé em Cristo e confiante na proteção de Nossa Senhora é capaz de prosseguir sem esmorecer.

Era um homem reservado e um pouco tímido, mas não medroso. Cauteloso nas conversas e nas tomadas de decisão. Omisso, nunca. Ao assumir a Cátedra de Pedro, vivia ligado ao mundo que fervilhava ao seu redor, atendia no seu escritório todos os que o procuravam; em geral, chefes de governo e autoridades da Igreja. Mostrava-se disposto a sair do Vaticano para visitar outras nações, com o propósito de semear o Evangelho de Cristo e a acompanhar *in loco* a situação da humanidade, a fim de infundir em todos a esperança cristã. Visitou 129 países, ao longo do seu pontificado. Nessas suas peregrinações pelo mundo nem sempre era acolhido com simpatia pelo governo local; as multidões, porém, aglomeravam-se para saudá-lo efusivamente. Ele fazia-se próximo de todos, comunicando através de palavras e de gestos; e cantava, quando sabia a canção.

Os seus últimos cinco anos de vida foram marcados por um crescente e inexorável "calvário". A doença de *Parkinson* tolhia-lhe os movimentos. Passou a usar uma bengala, com a qual por vezes fazia algum gracejo diante de auditórios repletos. Já não conseguia articular as palavras, nem manter firme a cabeça. Em meados de fevereiro de 2005, foi levado para a Policlínica Gemelli, em Roma, onde lhe fizeram uma traqueostomia. No Domingo de Páscoa do mesmo ano, assomou à janela onde habitualmente aparecia para a sua mensagem e bênção *urbi et orbi* (à cidade e ao mundo); apenas esboçou o desejo de dizer algo, mas não foi capaz. Triste e abatido, afastou-se, deixando apreensiva a multidão presente na Praça de São Pedro. Não lhe faltaram os cuidados médicos.

Alguns dos seus colaboradores sugeriram-lhe a renúncia. Ele, porém, recusava-se e esclarecia o motivo: "Cristo não desceu da Cruz".

Sentia aproximar-se o momento da sua passagem. A Dom Estanislau, seu secretário pessoal, confidenciou: "Seria melhor que eu morresse, já que não posso cumprir as missões que me foram confiadas".

No dia 2 de abril de 2005, a Irmã Tobiana, que sempre cuidou dele, pôde captar suas últimas palavras: "Deixai-me ir para o Senhor".

Morreu nesse mesmo dia, tranquilamente, no seu quarto, no Vaticano, às 21h37. Tinha 84 anos de idade.

Para as suas exéquias, o mundo se agitou. Nos dias que antecederam o seu funeral, cerca de três milhões de pessoas fizeram fila para vê-lo pela última vez. Na missa de corpo presente, marcaram presença representantes de 172 países e organizações internacionais; líderes das várias confissões religiosas cristãs e não cristãs. Centenas de bispos de todos os continentes também vieram despedir-se do seu pai e pastor. Naturalmente era incalculável a multidão de pessoas de todos os credos que, como filhos e filhas órfãos, aí acorreram para lhe expressar o seu derradeiro adeus. Os canais de televisão e outros *media* transmitiram sem interrupção o grande evento. O mundo inteiro, de alguma forma, fez-se presente para lhe prestar uma última homenagem.

O papa João Paulo II concluiu o seu percurso terreno ciente de que a sua pregação e as suas obras não atingiram nem transformaram todos os corações, mas morreu com a consciência tranquila de quem não cessou de semear a esperança. Além disso, ele dizia: "Cristo... certamente terá os seus caminhos para chegar a cada um".

São João Bosco

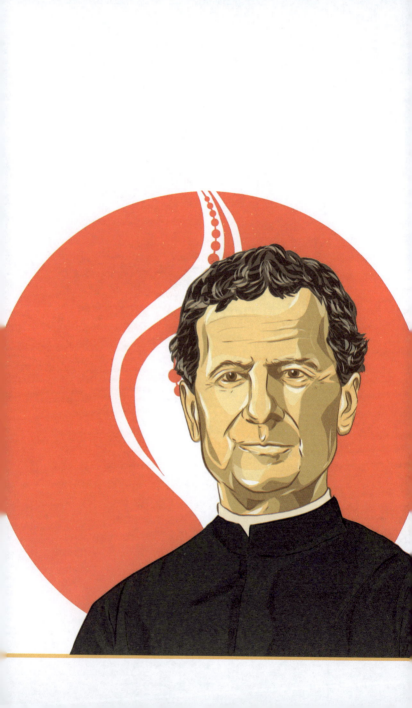

"PAI E MESTRE DA JUVENTUDE"

Corria o século XIX. A Europa atravessava uma gravíssima crise social, política e econômica. Na Itália, em Turim – o cenário desta nossa pequena narrativa – vivia-se a mesma situação, embora agravada pela prolongada seca dos anos 1816-1818. Os camponeses sentiam-se pressionados a deixar os campos e a migrar para a cidade, já repleta de desempregados e famintos. Por não encontrar emprego, muitos jovens acabavam por se envolver no roubo e na delinquência. As escolas e as paróquias eram incapazes de acudir aos anseios e às necessidades básicas da juventude. Aumentava tristemente o número de encarcerados. Foi nesse contexto de miséria e abandono que Deus suscitou um homem que se tornaria extremamente significativo e valioso para a sua época e para a posteridade. O seu nome é JOÃO BOSCO.

João Bosco, ou simplesmente Dom Bosco como ficou conhecido em todo o mundo, nasceu no ano de 1815, em Castelnuovo d'Asti, Norte da Itália. Camponeses, seus pais não tinham casa própria nem eram proprietários de terras. O pai, Francisco Bosco, que tinha um filho de um primeiro casamento, Antônio, depois de ficar viúvo, casou-se com Margarida, com quem teve dois filhos: José e João. Quando Joãozinho tinha dois anos, seu pai faleceu. A família passou então por momentos de angustiantes aflições, que impediram a mãe de proporcionar uma adequada formação acadêmica ao filho João. Mãe e filho procuraram então ajuda de benfeitores. Essa experiência pessoal de carência certamente serviu de estímulo a João para sua futura obra com os jovens pobres. A pobreza, porém, não impediu que a mãe Margarida transmitisse aos filhos importantes valores éticos e cristãos: o amor a Deus, o socorro aos necessitados e, naturalmente, o irrenunciável valor da oração. Riquezas que João Bosco haveria de assimilar e desenvolver ao longo de toda a sua vida.

Com vinte anos de idade, entrou para o seminário diocesano de Turim para estudar filosofia e teologia. Encontrou aí a amizade e o apoio do padre José Cafasso (hoje santo), que era o braço direito do diretor do Colégio Eclesiástico. É comum encontrar, na vida dos santos fundadores, pessoas que os incentivavam nas suas iniciativas e realizações. Dom Bosco foi ordenado presbítero em 1841 e permaneceu no Colégio Eclesiástico, frequentando aulas práticas de Teologia Pastoral. Tomou contato com a deplorável realidade dos jovens encarcerados, ao mesmo tempo que prestava serviço religioso a instituições assistenciais femininas. Nessas funções, envolvia os jovens da catequese, além de convidar outros que ele encontrava desorientados pelas ruas da cidade.

O contato diário com uma multidão de jovens órfãos e abandonados, a angústia de ver crianças exploradas em trabalhos inadequados à sua idade, tudo isso inquietava o coração de Dom Bosco e impelia-o a realizar uma obra realmente transformadora em favor da pessoa e da sociedade. Queria fazer desses jovens "bons cristãos e honestos cidadãos". Essa incômoda e cruel realidade foi o pretexto motivacional para ele fundar o Oratório São Francisco de Sales, o santo da doçura. O Oratório foi pensado e assumido por Dom Bosco como espaço para acolher, educar e evangelizar os jovens abandonados. Para muitos, esse convívio transformava-se em oportunidade para aprenderem uma profissão e conseguirem um emprego digno. O método de trabalho, que usará nas suas atividades e deixará como herança à Família

Salesiana, aparece nas entrelinhas do seu relato ao visitar cárceres superlotados: "Aos sábados, deslocava-me aos cárceres com os bolsos cheios de cigarros, fruta e bolachas para ganhar a confiança dos jovens que tiveram a desgraça de ali cair; para assisti-los, conquistar a sua amizade e, desta maneira, animá-los a virem ao Oratório, quando tivessem a sorte de sair daquele lugar de castigo".

Por este breve testemunho, é possível deduzir qual será a pedagogia de Dom Bosco: cultivar uma estreita proximidade em relação ao jovem para escutá-lo; aceitá-lo como é, demonstrando-lhe amor, e conversar com ele, isto é, deixá-lo partilhar as suas angústias, os seus traumas, enfim, expor a sua história. Admirável era a disposição de Dom Bosco, que não ficava à espera de que os jovens batessem à porta do Oratório, mas ia pessoalmente pelos becos, bares e praças e estabelecia diálogo com os jovens que encontrava sem trabalho, sem perspectivas, convidando-os a conhecer a sua obra.

Graças a um bom número de benfeitores, Dom Bosco criou outros Oratórios, em grande medida porque cresceu a procura por esses espaços onde os jovens encontravam sentido para a própria vida. Dentre os seus assistidos, Dom Bosco escolhia alguns que, segundo ele, apresentavam os requisitos necessários para ser padres ou irmãos religiosos. Preparava-os para a futura Sociedade Salesiana. Na obra de Dom Bosco, já o mencionamos, havia divertimentos, alegria, fraternidade, oração e trabalho. Muito trabalho, seja para o sustento da casa, seja para preparar uma profissão que assegurasse aos jovens um futuro promissor. Naturalmente, nesse ambiente formativo, onde se dava prioridade ao gradual desenvolvimento das virtudes, não havia lugar para os ociosos. Deixemos que se manifeste o próprio Dom Bosco: "Dai-me um jovem que seja moderado no comer, no beber e no dormir, e vós o vereis virtuoso, assíduo aos seus deveres, sempre pronto, quando se trata de fazer o bem e amante de todas as virtudes. Pelo contrário, se um jovem for guloso, amante do vinho e dorminhoco, pouco a pouco terá todos os vícios".

Coerente com seu método de educar, Dom Bosco era um homem presente, próximo, empático e concreto. Atraía os jovens pela amabilidade. Propondo-lhes esporte, teatro, brincadeiras, ele não ficava de fora, como espectador passivo. Envolvia-se com eles. Participava. Estava consciente de que nada substitui o encontro pessoal. E assim os despertava para os valores da religião e da cultura. Criava entre eles um ambiente de fraternidade e amizade. Todos cresciam e amadureciam, dirigentes e dirigidos, mestres e discípulos.

Na relação com os jovens, Dom Bosco utilizava uma pedagogia que se convencionou chamar sistema preventivo. O bom educador aproxima-se do jovem, sem ameaças ou imposições constrangedoras; castigos físicos, jamais. Estava convencido de que educar é a arte de interferir para ajudar a encontrar o caminho certo. Invadir é, pelo contrário, violentar o santuário sagrado que é toda a pessoa. Aos poucos, Dom Bosco foi-se convencendo de que era, para os seus jovens, a manifestação da paternidade de Deus. Pedro Brocardo, um dos seus biógrafos, retrata-o numa linguagem viva, quase cinematográfica: "Dom Bosco era, ao mesmo tempo, alegre e austero, franco e respeitoso, preciso e de espírito livre, humilde e magnânimo, tenaz e flexível, tradicional e moderno, otimista e previdente, diplomático e sincero, pobre e caridoso. Cultivava a amizade, mas não tinha preferências; era rápido nas ideias, mas prudente na execução; amava as coisas bem feitas, mas não era perfeccionista. Tinha visão ampla e sentido do concreto. Audaz até à temeridade, procedia com cautela. Sabia conquistar a amizade do adversário, mas não renunciava aos seus princípios. Dinâmico sem extroversão, cheio de coragem, mas não temerário, tudo fazia convergir para as suas finalidades, sem manipular as pessoas. Educava prevenindo e prevenia educando. Avançava com o mundo, mas não era do mundo".

Dado o seu acentuado sentido prático, Dom Bosco criou o periódico mensal *Leituras Católicas*, poderoso instrumento para multiplicar os seus conteúdos didáticos e catequéticos. Zeloso pela manutenção da sua extensa obra, fundou a União dos Cooperadores Salesianos, que ele alimentava com a publicação mensal do *Boletim Salesiano*. Incrementou a criação e espalhou pelo mundo as redes salesianas de escolas para todas as etapas formativas. A sua obra prosperava, não obstante os frequentes obstáculos, que ele, porém, superava com a força da oração, a serena confiança no Sagrado Coração de Jesus e as favoráveis intervenções de Maria Auxiliadora.

Outro aspeto altamente significativo na obra de Dom Bosco foi a presença feminina, a primeira das quais foi a sua própria mãe, Margarida. Já a conhecemos pelos seus atributos de mulher honesta, decidida, corajosa, afeita ao trabalho, boa educadora dos filhos. Pois bem, em dado momento, Margarida passou a fazer parte do Oratório que o filho dirigia. Foi certamente um baluarte seguro para auxiliar Dom Bosco, sempre envolvido com os jovens, mas também com as preocupações econômicas e administrativas. Ela, a sua mãe, cativou a simpatia dos jovens e em parte substituía a mãe que muitos nem conheceram. Outra grande mulher inserida na obra de Dom Bosco foi Maria Domingas Mazzarello (hoje santa). Dom Bosco incentivou-a a iniciar com meninas a mesma obra que ele realizava com rapazes. Era o caminho para completar o que considerava o seu projeto carismático. Resultavam assim constituídas duas congregações religiosas: a Pia Sociedade de São Francisco de Sales, os Salesianos; e as Filhas de Maria Auxiliadora, as Salesianas.

Uma terceira mulher, primeira na intenção de Dom Bosco e possivelmente nos planos da Providência divina, foi Maria Auxiliadora, a Mãe de Jesus. A imagem da Auxiliadora, que carrega uma criança no colo, representa para a Família Salesiana a dimensão do cuidado. Ela cuida principalmente dos mais necessitados.

A espiritualidade de Dom Bosco, e, por consequência, da Família Salesiana, assenta primordialmente em três pilares: a Eucaristia, Maria Auxiliadora e o Papa. Dom Bosco estava bem consciente da centralidade da Eucaristia na vida de todo o cristão. Maria Auxiliadora foi a primeira cristã e a primeira educadora de Jesus. O Papa é o pontífice, o construtor de pontes, sinal de unidade entre Deus e as pessoas. Sintetizar em três pilares a espiritualidade de Dom Bosco não significa que ele ignorasse os outros sacramentos. Não. Pelo contrário, ele valorizava imensamente o sacramento da Reconciliação, pois além de perdoar os pecados, constituía um meio para a reta formação da consciência.

São João Bosco fez a sua passagem para a eternidade em 1888. Extraordinária na sua época, a personalidade de Dom Bosco continua inesgotável mediante a imensidão de filhos e filhas espirituais – a Família Salesiana – espalhados por todos os continentes. Nos passos do seu fundador, continuam a socorrer as situações de miséria e dor principalmente dos jovens. Mais: perseveram na educação de um incontável número de crianças e jovens, fortalecendo-lhes a esperança de libertação e vida digna. Obra de São João Bosco, obra divina!

São Vicente

TESTEMUNHA DA CARIDADE E EVANGELIZAÇÃO

SÃO VICENTE, diácono e mártir, é o patrono do Patriarcado de Lisboa. O fato da Diocese de Lisboa ter um Santo Mártir como patrono demonstra até que ponto somos chamados a viver a fortaleza na fé: ser cristão implica toda a vida e podemos mesmo ser chamados a dar a vida por amor a Cristo. É essa a razão pela qual, hoje, São Vicente continua a ser um modelo para todos nós, também para os jovens.

Nasceu em Huesca, capital da província de Aragão. Filho de Eutício e Enola, membros de famílias relevantes no Império Romano, e cristãos. Foi, desde cedo, destinado ao estudo das letras, dando grandes sinais de inteligência. Sob orientação de Valério, bispo da cidade de Saragoça, aprofundou muito os estudos. Este bispo tomou-o como diácono para serviço da sua diocese. Vivia um profundo amor a Jesus Cristo e o seu fervor, unido à eloquência, tornaram-no muito popular no trabalho de evangelização.

O último quarto do século III foi de relativa paz do Império no que respeita aos cristãos, sendo precisamente durante esta fase que Vicente desenvolve a sua ação pastoral como diácono. Esta situação pacífica é particularmente importante, porque deriva de decisões políticas que estão ao serviço da unidade do Império, o que possibilita, ao mesmo tempo, que os evangelizadores cristãos se movam com facilidade entre cidades e, deste modo, a Boa-Nova seja anunciada a todos.

Contudo, no início do século IV, por volta do ano 303, começa uma nova perseguição, talvez uma das mais sangrentas. Tenhamos em conta que estamos a poucos anos da paz constantiniana. O prefeito Daciano chega à Península Ibérica com a missão de fazer cumprir o édito de Diocleciano. É durante esta campanha que ele entra em Saragoça e prende Valério e Vicente. A Valério envia-o para o exílio; contudo, ao jovem Vicente decide submetê-lo à tortura com o objetivo de fazê-lo cair na apostasia. Potro, ganchos, pinças e fogo são vários dos métodos terríveis a que sujeita Vicente, sem nunca conseguir que ele apostate.

É enviado, por fim, para a prisão, onde tem uma visão de anjos, que ele interpretou como uma visita para o fortalecer no momento do sofrimento e da solidão. Segundo a ata do seu martírio, conta-se que um anjo lhe teria dito: "Reconhece, ó invencível Vicente, por amor de que Nome lutaste para seres fiel. Na verdade, Ele mesmo reserva no Céu uma coroa preparada para ti, Ele que te fez vitorioso graças aos suplícios. Por isso, que fiques, a partir de agora, seguro do teu prêmio. É que, abandonando, em breve, o fardo do teu corpo, vais juntar-te à nossa assembleia". Faleceu pouco depois.

Há dois traços fundamentais da espiritualidade de São Vicente: o seu ministério como diácono e o seu martírio.

Em primeiro lugar, o diaconado. "Diácono" quer dizer "Servo". Foi como servo de Deus e da Igreja que Vicente viveu a sua vida. Podia ter seguido a carreira das letras, para a qual tinha sido destinado bastante cedo, mas foi a serviço do bispo Valério que encontrou a vontade de Deus. Deste modo, ensina-nos que a vida deve ser vivida como serviço, pronto e alegre, por Deus e pelos outros. Como diácono ocupava-se do que era próprio dos diáconos: não só da assistência à vida corrente da liturgia, como da pregação e dos sacramentos, mas sobretudo da gestão dos bens da Igreja, de maneira a fazer chegar aos mais pobres e fracos a necessária assistência. Assim, vemos que a sua vida espiritual estava centrada na escuta da Palavra de Deus, que depois pregava, na vivência dos sacramentos e no serviço atento aos mais necessitados.

Ao mesmo tempo, em segundo lugar, vemos aonde o conduziu a sua atitude de serviço e caridade: ao ato supremo do amor a Deus que é a entrega da própria vida pela fé. Assim, no martírio vemos que a fortaleza é uma das características fundamentais da vida de fé. Vicente viveu a fé de forma profunda, alimentada nas raízes da fé cristã: os Sacramentos e a Palavra, e assim, bem nutrido, pôde dar o testemunho maior diante do sofrimento. Com efeito, o martírio só pode ser corretamente entendido se ele significar comunhão com Deus. Isto mesmo sublinhava Santo Agostinho no sermão sobre São Vicente: "Vimos que o mártir resistiu muito pacientemente a tormentos terríveis, mas a sua alma entregava-se a Deus. Era dele, na verdade, que provinha a sua paciência".

Possivelmente, o juiz que condenou Vicente às torturas e o bispo Valério ao exílio, julgava que o diácono, por ser o mais jovem, seria mais facilmente levado a negar a fé. Confundiu juventude com tibieza. Por isso, Vicente é para os jovens de hoje modelo de fortaleza na fé. Julgamos ser este o principal traço da sua atualidade: mostrar que os jovens são chamados a viver a fé com coragem, a não ter medo de testemunhar que acreditam e seguem a Cristo, na sua escola, faculdade, local de trabalho, família, grupos de amigos e conhecidos. Como Vicente, também hoje os jovens são chamados a testemunhar uma fé firme e bem enraizada naqueles que são os alimentos da vida cristã: os Sacramentos – e, de forma muito especial, a Eucaristia – e a Palavra de Deus – lida, escutada, meditada e rezada. Vivendo a sua fé no serviço humilde e simples aos mais pobres e fracos, sabendo que só se pode amar a Deus que não se vê, amando os irmãos que vemos.

Santo Antônio de Lisboa

INCANSÁVEL MISSIONÁRIO E APAIXONADO PELAS SAGRADAS ESCRITURAS

Filho de uma família nobre e rica, ANTÔNIO nasceu em Lisboa, no ano de 1195, e foi batizado com o nome de Fernando. Ainda adolescente, insatisfeito e decepcionado com as promessas de riqueza e vida fácil, ingressou nos Cônegos Regulares de Santo Agostinho, em Lisboa. Pouco tempo depois, passou a morar na comunidade dos agostinianos em Coimbra, grande centro de cultura. Mergulhou com afinco no estudo e aprofundamento das Sagradas Escrituras, sem descuidar a aprendizagem das ciências, de história, da língua latina, filosofia e teologia. Logo se manifestaram os seus dotes de brilhante inteligência e excelente memória.

Durante uma dezena de anos, residiu em Coimbra, onde foi ordenado presbítero. Foi nesse período que Fernando conheceu os frades de Francisco de Assis. E um fato novo provocou a mudança decisiva da sua vida: chegaram a Coimbra os restos mortais de cinco frades franciscanos martirizados pelos muçulmanos no Marrocos. Esse trágico acontecimento despertou em Fernando um impetuoso anseio de partir para as missões. Foi assim que, em 1220, se transferiu para o Convento Santo Antônio dos Olivais, periferia de Coimbra, disposto a assumir o modo de vida dos franciscanos, com um novo nome: "Frei Antônio". E, assim que lhe foi possível, partiu para as missões no Marrocos. Entretanto, uma grave doença obrigou-o a regressar antes de completar um ano. A isso deve acrescentar-se um outro dado significativo para o futuro de Antônio: o navio em que navegava foi atingido por uma violenta tempestade que o desviou para a Sicília, Sul da Itália. Mesmo nas adversidades, pode haver o dedo de Deus a conduzir a história das pessoas.

Por essa altura, frei Antônio soube que Francisco estava organizando uma grande assembleia dos Franciscanos. Era o chamado "capítulo geral", a realizar-se em Assis, em 1221. Para lá se dirigiu Antônio. Ali, conheceu Francisco, com quem se encontrou, pela primeira vez, e que, poucos anos antes, havia fundado a fraternidade, já conhecida por "Frades Menores". Buscou aperfeiçoar os seus conhecimentos acerca da Regra que o Fundador deixara para a sua Ordem. Foi-se consolidando no seu íntimo o ardente desejo de conhecer, propagar e abraçar somente a Cristo, o Crucificado. Em Assis parece ter aumentado no jovem padre o fogo interior que o impelia para as missões. Passou a morar no eremitério de Montepaolo, perto de Forli, onde celebrava missa para os seus confrades e se ocupava dos serviços mais humildes da casa.

Na catedral de Forli aconteceu um episódio, no mínimo providencial. Por ocasião de uma ordenação sacerdotal, frei Antônio ficou encarregado de pregar. Os ouvintes perceberam, a partir das primeiras palavras, que se tratava de uma pregação profunda e intensa, que inflamava os seus corações. Terminada a celebração litúrgica, as pessoas, eufóricas, apressavam-se para cumprimentar "Frei Antônio" pelo seu admirável sermão. Ele, porém, discretamente esquivava-se, procurando o anonimato. Por se ter revelado um extraordinário pregador, que sabia unir o dom da sabedoria e da ciência ao da humildade, os superiores enviaram-no por toda a parte a espalhar a semente do Evangelho.

Um ano após a realização do capítulo geral, Antônio recebeu de Francisco uma carta que dizia:

"A frei Antônio, meu bispo, frei Francisco deseja saúde. Gostaria que ensinasses teologia aos nossos frades com a condição, porém, de que por causa desse estudo não se apague neles o espírito de santa oração e devoção como está escrito na Regra. Passe bem".

Antônio tornou-se professor dos seus coirmãos de fraternidade, levando-os a adequar o movimento franciscano às exigências pastorais do momento histórico e eclesial. A sua atividade missionária não se restringiu ao território italiano. Com o seu habitual entusiasmo, percorreu parte da França, arrastando multidões com a força de sua palavra, levando à conversão grande número de pessoas. Um dos seus confrades, frei João Rigauld, revela-nos a excelente habilidade do santo português: "Ajustava o discurso ao auditório, de tal modo que o errante abandonava o seu caminho ínvio, o pecador sentia-se arrependido e mudava de vida, o bom era estimulado a melhorar; enfim, todos se retiravam satisfeitos".

No dia 3 de outubro de 1226, morre São Francisco de Assis. Entre os anos 1227 e 1230, Antônio ocupou o cargo de ministro provincial da Província Franciscana do Norte da Itália. Um dos seus contemporâneos testemunha que ele "governava os seus frades com clemência e benignidade". A exigente função levou-o a percorrer as diversas comunidades da região. Foi então que conheceu Pádua, ao hospedar-se no convento franciscano junto à Igreja de Santa Maria Mater Domini. Aproveitou a ocasião para escrever os *Sermões Dominicais*, e os *Sermões Festivos*, que lhe valeram o título de "doutor evangélico". Eram homilias destinadas não primeiramente aos fiéis, mas aos padres, como base para as suas pregações.

De Antônio pode-se dizer o que os Atos dos Apóstolos afirmam sobre Jesus: "Passou fazendo o bem" (Atos 10,38). Com efeito, a atividade apostólica de frei Antônio era de uma versatilidade impressionante. Reconciliava os dissidentes, restituía a liberdade aos encarcerados, libertava as prostitutas daquele torpe mercado, e persuadia os ladrões a abandonar o seu abominável vício. Além disso, Antônio não poupou os usurários, contra os quais desferiu palavras aterradoras: "Vejam que mãos se atrevem a dar esmolas, mãos encharcadas do sangue dos pobres... De onde chegam para eles tantos bens? Da roubalheira e das fraudes".

Combateu vigorosamente as heresias dos cátaros. Nem mesmo os eclesiásticos foram poupados às severas advertências. Aos penitentes estimulava a perseverar na prática do bem: "Ó homem, hoje existes; amanhã talvez não mais. Vive e comporta-te hoje como se tivesses de morrer amanhã".

Também para o incansável missionário chegou o tempo em que as forças foram minguando, sobretudo por causa da doença, que lhe tirava a capacidade de se mover. A seu pedido, o conde Tiso mandou instalar entre os galhos de uma nogueira uma pequena cela, na qual durante o dia Antônio se recolhia para rezar e meditar; à noite, voltava para o convento. Poucos dias depois, com o agravar da hidropsia, Antônio pediu para ser transportado para o convento da cidade de Pádua. Antes de chegar ao destino previsto, foi aconselhado a parar no convento de Arcella, onde veio a falecer no dia 13 de junho de 1231. Tinha 36 anos de idade. Foi sepultado na igrejinha de Santa Maria Mater Domini, onde hoje está a famosa basílica de Pádua.

Aos pés do seu túmulo, as multidões acorriam e, por sua intercessão, obtinham muitas graças divinas. Multiplicavam-se milagres, de tal modo que a fama de Antônio logo se espalhou por toda a parte. Foi com base na vida de frei Antônio e no aumento de milagres, que uma delegação se dirigiu a Roma e, com diligência, solicitou ao Papa a canonização de Antônio. E assim aconteceu: a menos de um ano do aniversário da sua morte, no dia de Pentecostes, o papa Gregório IX inscreveu Antônio no catálogo dos Santos. Trinta e dois anos após a morte do santo frade, São Boaventura fez a exumação do seu corpo e encontrou incorrupta a sua língua.

Conhecida, em linhas gerais, a trajetória do glorioso Santo de Lisboa e de Pádua, passemos a considerar algumas das suas características:

Espírito missionário com horizonte no martírio. Quando Antônio partiu para as missões no Norte da África, a sua motivação primeira era substituir os franciscanos que aí perderam a vida por causa de Jesus Cristo e do Reino. Não descartava, naturalmente, a possibilidade de morrer mártir.

Irmão universal. Nenhuma situação de sofrimento, carência ou injustiça escapou ao zelo apostólico do frade português. Pessoas das mais variadas classes e condições de vida – famintos, explorados, poderosos, injustiçados, chefes de governo, clero – todas foram objeto da sua imediata e eficaz solidariedade.

Grande mestre entre os mestres. Bispos, presbíteros e demais líderes da Igreja beberam nas ricas fontes dos seus escritos e pregações. Quando foi convidado a pregar, na Cúria, aos cardeais e ao Papa, Antônio despertou entre eles tamanha admiração que o Papa o brindou com a alcunha de "Arca do Testamento", aludindo ao seu vasto conhecimento das Sagradas Escrituras.

Operador de milagres. Antônio, durante a sua vida, realizou tão elevado número de milagres que transcrevê-los aqui comportaria aumentar o espaço e multiplicar as palavras. Ora, tal empresa não corresponde ao propósito deste trabalho. Optamos então por selecionar um de entre os mais conhecidos: uma menina epiléptica e paralítica foi levada até Santo Antônio pelo pai, que lhe suplicava traçar o sinal da cruz sobre a filha. Antônio concordou e abençoou a menina da cabeça aos pés. Tudo nela recobrou. Passou a caminhar sem impedimento e já não sentia os sinais da epilepsia.

Homem de oração. Não obstante o imenso volume de atividades, a oração ocupava um lugar e um tempo privilegiados no seu dia a dia. Era comum Antônio retirar-se para lugares longe de ruídos para dedicar tempo de qualidade ao seu colóquio com Deus. O segredo do seu ardor missionário residia na oração.

No final deste resumo biográfico de Santo Antônio, ficamos com a sensação de que estamos em dívida para com ele. E estamos, porque Antônio é incomparavelmente maior do que o retrato que aqui esboçamos. Conforta-nos, porém, a certeza de que ele está vivo entre nós. Vivo e atuante nos corações de milhares de pessoas em todo o mundo, independentemente da etnia ou da religião. O seu nome está associado às artes, sobretudo à pintura e à escultura. Dá título a inúmeras igrejas, capelas, hospitais, instituições de ensino, asilos e a uma infinidade de obras sociais. Presente, segue Antônio influenciando gerações, graças ao imenso número de franciscanos e incontável quantidade de livros, revistas, filmes, vídeos e outras publicações sob seu patrocínio.

Santo Antônio de Lisboa e de Pádua não está, pois, encerrado no passado, reduzido a tímidas recordações. Muito pelo contrário, está à nossa frente, infundindo-nos esperança, incentivando-nos a resistir à inércia e à preguiça física e espiritual. Está dentro de nós, impelindo-nos rumo a um futuro renovado e promissor. Com Deus e Santo Antônio, iremos surpreender o mundo que nos envolve.

São Bartolomeu dos Mártires

"ARCEBISPO SANTO, PAI DOS POBRES E DOS ENFERMOS"

Voltemos a nossa atenção para o século XVI. A Igreja católica daquela época vivia constantes dissensões internas, fato que levou ao surgimento de novas confissões cristãs, o Protestantismo. Para além disso, muitos membros da Igreja entregavam-se a uma vida desregrada, alimentada pela ganância, tendo como consequência uma precária participação nos sacramentos e nas celebrações litúrgicas. Para fazer frente a esse panorama sombrio e deplorável, teve lugar o grande acontecimento daquele século, o Concílio de Trento (1545 a 1563). Simultaneamente surgiu, em Portugal, de forma discreta, quase impercetível, um homem chamado Bartolomeu Fernandes, ou melhor, SÃO BARTOLOMEU DOS MÁRTIRES, de quem nos ocuparemos.

Nasceu em Lisboa em 1514. De família humilde, recebeu o batismo na Igreja de Nossa Senhora dos Mártires e foi acolhido na vida eclesial recebendo os ensinamentos da catequese. No seu coração de menino, crescia o ardente desejo de se tornar um frade dominicano. Aos 14 anos, com efeito, ingressou na Ordem Dominicana, na capital portuguesa. Aí assumiu o nome de frei Bartolomeu dos Mártires, em alusão à paróquia em que foi batizado e ao bairro em que nasceu.

Demonstrou desde cedo uma inteligência perspicaz e forte propensão para os estudos. Frequentou o Colégio de São Domingos, onde recebeu sólida formação humana, religiosa, acadêmica e teológica. Passou vinte anos lecionando nos conventos de Lisboa, Batalha e Évora.

Os seus biógrafos asseguram-nos que, não obstante os seus progressos nos estudos e no magistério, jamais perdeu a simplicidade de origem, cultivando hábitos frugais e de rigorosa disciplina. Mais tarde, como presbítero e, sobretudo, como bispo, destacou-se pelo seu imenso zelo apostólico, cumprindo a exigência evangélica de anunciar pela palavra e edificar pelo exemplo.

Tendo em conta a índole humilde, nunca lhe passou pela cabeça trocar o seu hábito dominicano pelas vestes episcopais. Com efeito, quando lhe chegou o convite oficial para se tornar bispo, ele resistiu enquanto pôde. Propenso a uma vida de oração e de ensino da teologia, o seu desejo era simplesmente servir à Igreja de Deus dentro de um convento dominicano. Entretanto, perante a insistência das autoridades eclesiásticas e do pedido do seu provincial, acabou por aceitar. Foi ordenado bispo aos 45 anos de idade e, no mesmo ano (1559), recebeu o pálio de Arcebispo de Braga.

Um aspecto que imediatamente se manifestou em D. Bartolomeu foi a sua extrema disposição para visitar todas as paróquias da sua arquidiocese. Embora ocupasse uma boa parte do seu tempo a escrever livros e orientações para os seus fiéis, não ficou refém do palácio episcopal, nem do limitado espaço do seu escritório. Pelo contrário, impelido pelo seu irreprimível zelo pastoral, percorreu as mais de 1200 paróquias da sua arquidiocese, com imensa dedicação ao seu povo, marcada por um especial carinho pelos pobres e doentes. Para esse ministério, ia montado numa mula, atravessando caminhos intransitáveis, suportando os rigores do frio, exposto a diversos perigos. Nada conseguia deter os passos desse infatigável "modelo de bispo e espelho de virtudes cristãs", conforme afirmação de São Carlos Borromeu.

Com facilidade admitimos que, tendo em conta o seu estilo de vida austera e o modo disciplinado de governar a sua arquidiocese, D. Bartolomeu agradava a uma parte do clero, mas contrariava os que usufruíam de privilégios associados ao cargo episcopal. Era previsível, pois, que recebesse afrontas dos seus irmãos no episcopado.

À medida que tomava contato com as múltiplas realidades do seu rebanho, verificava a impreparação do clero e a falta de conhecimento da doutrina cristã por parte dos fiéis. Urgia preencher essa lacuna. Promoveu então, em várias partes da arquidiocese, aulas de teologia moral. A sua formação dominicana preparou-o para a pregação, por isso atribuiu uma enorme importância às homilias, que recomendava vivamente, e em cuja técnica era tão versado. Desejava, outrossim, introduzir o uso da língua vernácula na liturgia, para que os fiéis entendessem aquilo que se rezava. Eram temas que mereciam o maior cuidado e que o diligente pastor português levaria ao Concílio de Trento.

D. Bartolomeu dos Mártires participou da terceira e última etapa do Concílio de Trento (1562 e 1563). Apresentou e submeteu à apreciação dos participantes do Concílio o considerável número de 268 petições como interpelações de reforma para a Igreja. Tais petições giravam em torno de temas centrais do Concílio, a saber, o ensino da doutrina cristã aos fiéis, a educação dos futuros clérigos e as visitas pastorais dos bispos. Com base na sua experiência pastoral e nos estudos prévios inerentes a esses temas, D. Bartolomeu teve um papel preponderante nos trabalhos conciliares. Contou com o apoio e o incentivo de outro expoente do Concílio, São Carlos Borromeu. Estavam ambos sedentos por ver a Igreja realizar as reformas necessárias e a dar passos significativos para o futuro.

Não faltou certamente a palavra do Concílio nem o desejo de muitos bispos de dar à homilia a importância que ela merece. Entretanto, a inexistência de boas traduções da Bíblia, a falta de conhecimento do seu conteúdo, a pouca valorização da "Mesa da Palavra", além da escassez de bons pregadores, tudo isso concorreu para retardar a devida valorização da homilia. Será necessário esperar até ao Concílio Vaticano II, para se sublinhar a sua importância e quando não se deve omitir:

> Recomenda-se vivamente a homilia, como parte da própria liturgia. [...] Nas missas dominicais, porém, e nas festas de preceito, concorridas pelo povo, não se omita a homilia, a não ser por motivo grave (*Sacrosanctum Concilium,* 52).

Quanto à introdução da língua vernácula nas celebrações litúrgicas, o Vaticano II expressa-se nestes termos:

> Dado porém, que não raramente o uso da língua vernácula por ser muito útil, seja na missa, seja na administração dos sacramentos, seja em outras partes da liturgia, dê-se-lhe um lugar mais amplo, especialmente nas leituras e admoestações, em algumas orações e cânticos... (*Sacrosanctum Concilium,* 36 § 2).

Terminada a sua participação no Concílio de Trento, D. Bartolomeu regressou à sua arquidiocese e logo se empenhou em concretizar as decisões conciliares. Como penetrar num universo em que deverá questionar hábitos e comportamentos não condizentes com a vida de fé? Era necessária uma mudança de mentalidade. Claro que não era tarefa simples. D. Bartolomeu, porém, tinha um objetivo definido: aproximar-se dos seus fiéis a fim de lhes fortalecer a caminhada de fé. Escreveu então, com método e linguagem acessível também a pessoas de pouca instrução, o *Catecismo ou Doutrina Cristã e Práticas Espirituais.* A obra estava dividida em duas partes: na primeira, uma exposição do Pai-nosso, da Profissão de Fé, dos Dez Mandamentos, dos Pecados Capitais e dos Sacramentos. A segunda parte incluía Práticas e Sermões a serem lidos aos fiéis aos domingos e nos dias de festa. D. Bartolomeu procurou que o seu catecismo fosse distribuído a todos os clérigos do arcebispado de Braga.

Promoveu um sínodo diocesano (1564) e um sínodo provincial (1566). Fruto também das reformas tridentinas foi a construção do Seminário Conciliar no Campo da Vinha, em Braga, com o objetivo de propiciar esmerada formação ao clero e aos candidatos ao sacerdócio. Essas iniciativas, de alguma forma, preenchiam um dos inquietantes anseios de D. Bartolomeu, a saber, incrementar uma verdadeira e constante "campanha vocacional".

E, para dar maior solidez à missão dos bispos, escreveu, em 1565, o *Stimulus Pastorum* (Estímulo de Pastores). Fruto de minuciosas pesquisas e profundas reflexões sobre os escritos de renomados homens de Igreja, como São João Crisóstomo, São Gregório Magno, Santo Agostinho de Hipona e São Bernardo de Claraval, entre outros, a obra centra a sua atenção no poder episcopal, nas obrigações dos bispos e no seu papel junto dos fiéis. Fez então ampla divulgação do seu livro. Vale a pena salientar que, 400 anos mais tarde, o *Stimulus Pastorum* foi distribuído aos participantes do Concílio Vaticano I (1869-1870) e do Concílio Vaticano II (1962-1965).

Não nos deixemos enganar com a falsa ideia de que D. Bartolomeu permanecia alheio aos problemas sociais da sua época e realidade. Pelo contrário, envolvia-se pessoalmente na situação dos pobres, sobretudo na dos mais carentes e abandonados. Destinava aos famintos parte da comida que lhe punham à mesa, afirmando que em casa era ele o estranho "e os pobres os verdadeiros e naturais senhores". Nas visitas às paróquias, inteirava-se das famílias mais necessitadas e, mais tarde, mandava-lhes roupas e mantimentos.

Desempenhou um papel preponderante na "grande peste" (1569-1570), na qual milhares de pessoas foram vitimadas não só pela peste, mas também pela fome, pela sede e outras calamidades. Nessa ocasião, as suas obras de caridade foram exemplares. Apesar dos riscos de contágio e das insistências das autoridades civis e eclesiásticas para que saísse de Braga, D. Bartolomeu considerava ser seu dever "socorrer todos e não desamparar nenhum" dos doentes, como nota frei Luís de Sousa, na biografia *Vida do Arcebispo*.

Em 1582, renunciou ao episcopado e recolheu-se ao convento dominicano de Santa Cruz, em Viana do Castelo. Trata-se de um edifício que ele próprio mandara construir com o objetivo de favorecer os estudos eclesiásticos e as pregações. Terminava a sua peregrinação neste mundo de maneira humilde, como sempre vivera. Nesse mesmo convento, veio a falecer, em 16 de julho de 1590, aos 76 anos de idade, reconhecido e aclamado pelo povo como o "Arcebispo santo, pai dos pobres e dos enfermos".

O arcebispo português foi declarado Venerável em 1845, pelo papa Gregório XVI; beatificado pelo papa São João Paulo II, em 2001; e canonizado pelo papa Francisco, em 2019.

São João de Brito

O "FRANCISCO XAVIER" DE PORTUGAL

Os séculos XVI e XVII abrigam um período de grande vitalidade para a Igreja missionária. Em 1563, encerrava-se o Concílio de Trento, que muito se empenhara em prol das urgentes reformas da Igreja. Um dos participantes ativos foi o arcebispo português, São Bartolomeu dos Mártires. Trouxe de volta, para a sua arquidiocese de Braga não só as decisões do longo Concílio, mas sobretudo uma vontade irreprimível de aplicá-las na realidade. Procurando aperfeiçoar a formação do clero, fundou imediatamente o Seminário Conciliar de Braga. Na Itália, outro expoente do mesmo Concílio, São Carlos Borromeu, deu também vida a seminários para a formação dos sacerdotes. Na Espanha, em 1534, Santo Inácio de Loyola fundou a Companhia de Jesus, que deu à Igreja um enorme impulso missionário, enviando de imediato para as missões aquele que foi denominado o "Apóstolo do Oriente", São Francisco Xavier. E para o Brasil encaminhou São José de Anchieta, o "Apóstolo do Brasil". No meio dessa promissora efervescência da Igreja, veio ao mundo o português SÃO JOÃO DE BRITO, objeto das nossas considerações.

João de Brito nasceu em Lisboa, em 1647, de família nobre. Tinha apenas quatro anos quando o seu pai, Salvador de Brito Pereira, faleceu, no desempenho do cargo de capitão donatário do Rio de Janeiro. Graças à sua mãe, D. Brites Pereira, o pequeno João recebeu sólida iniciação nos caminhos da fé cristã. Desde pequeno era propenso à oração e ao sacrifício. Ainda pré-

-adolescente, foi convidado a viver na corte real com a função de pajem do príncipe D. Pedro (futuro D. Pedro II). Não se desviou das boas orientações recebidas no colo de sua mãe. Tampouco se deixou abater pelas zombarias dos outros pajens, que caçoavam dele com o apelido de "mártir". Casualidade ou previsão do futuro?

Aos 11 anos, João passou por uma grave doença que agitou a sensibilidade, a fé e os cuidados da sua mãe. Com efeito, aflita com a periclitante saúde do filho, ela fez uma promessa, pedindo a intercessão de São Francisco Xavier. Se ficasse curado, o filho haveria de usar, por um ano, o hábito religioso dos Jesuítas. Obtida a cura, João de Brito passou a vestir a batina jesuíta. Entretanto aumentava o seu amor a Jesus e um incipiente desejo de ser missionário. Não demorou muito: aos quinze anos de idade, ingressou na Companhia de Jesus, tendo feito o noviciado em Lisboa. Certo dia, o príncipe D. Pedro foi visitá-lo e soube que ele dedicava especial desvelo a um serviçal enfermo. Ao encontrá-lo, o príncipe disse-lhe: "Regozijo-me por te ver tão diligente no serviço do teu novo Senhor; ele há de, com toda a certeza, recompensar-te com mais largueza do que podias esperar de mim, se houvesses continuado ao meu serviço".

Concluído o noviciado, foi enviado para Évora onde, durante cinco anos, estudou Literatura e Eloquência. Aos estudos unia o serviço da caridade, com frequentes visitas a hospitais e zeloso serviço aos doentes. Depois, foi transferido para Coimbra, onde estudou Filosofia, Teologia e foi ordenado presbítero, aos 26 anos. Nessa altura, manifestou aos superiores uma viva intenção de ser missionário, ou seja, de partir para terras longínquas, onde Jesus Cristo ainda não fora anunciado. Sabia que a sua mãe ficaria chocada com a sua ideia de ser missionário. De fato, ao tomar conhecimento do seu intento, fez de tudo para dissuadi-lo. Sem êxito. O padre João de Brito não era insensível às lágrimas da sua mãe, nem tinha um coração de pedra; apenas obedecia a uma força interior maior. Conseguida a permissão da parte dos seus superiores, juntamente com 27 confrades jesuítas, partiu para a Índia em 1673. A viagem foi tão longa e cheia de contratempos que alguns missionários acabaram morrendo durante o trajeto.

Chegados ao porto de Goa, o padre João aí permaneceu algum tempo antes de ser enviado para a missão de Maduré, onde recebeu a função de superior da comunidade. Maduré era um enorme território dividido em vários reinos. Naquela época, dado que esses reinos viviam em constantes conflitos entre si, o povo buscava refúgio nas florestas. O padre João aí iniciou a sua missão. Em pouco tempo aprendeu com um sacerdote jesuíta o idioma local e teve de enfrentar a questão das castas, muito arraigada na cultura indiana. Dentre elas, escolheu a mais baixa, a dos párias, os quais eram desprezados por todas as outras castas. E os missionários que se misturavam com esta, eram considerados inimigos. O padre João de Brito, no entanto, queria relacionar-se com todos, por isso, procurou uma forma de conquistar para o seu rebanho também os brâmanes, que se consideravam uma casta superior e eram grandes inimigos dos cristãos. Identificou-se de tal forma com eles que passou a vestir-se como eles, a deixar crescer o cabelo e falar a sua língua. Ensinava o catecismo ao povo e convertia populações inteiras. Curou a enfermidade de um jovem indiano e eliminou, com água benta, as lagartas das plantações. Tão abundantes frutos tinham como fonte uma vida interior profundamente enraizada em Deus. Submetia-se a duras penitências, dormia no chão, fazia jejuns e alimentava-se de modo frugal.

O diligente missionário não se fixou numa cidade ou região apenas; percorreu vários lugares onde a pobreza era mais acentuada e o povo mais abandonado.

Sempre é um desafio evangelizar a quem padece de fome e carece de um mínimo de vida digna. Além das péssimas condições climáticas, o padre João de Brito tinha de escapar também à perseguição contra os cristãos. Conhecido como o "Francisco Xavier de Portugal", chegou a ministrar os sacramentos a mais de três mil pessoas numa mesma Quaresma. Noutra ocasião, precisou de ter os braços amparados para ministrar o sacramento do Batismo a mais de duas mil pessoas no mesmo dia.

Em 1686, chegou ao reino de Maravá, onde se registrava uma acirrada perseguição contra os cristãos. Por muitos anos nenhum missionário teve a coragem de evangelizar essa região. Para lá se deslocou o nosso valente missionário, pressentindo o que o esperava. De fato, após ter convertido inúmeras pessoas ao Cristianismo, caiu nas mãos do chefe do exército de Maravá. Este quis forçá-lo a adorar o deus Shiva. O missionário recusou-se e, por isso, foi preso e cruelmente torturado. Ficou amarrado a uma árvore por muito tempo, e os golpes recebidos deixaram-no tão desfigurado que o próprio rei e os seus sacerdotes se comoveram. Por isso, o rei decidiu soltá-lo, exigindo que não mais retornasse à região.

Em 1687, a convite dos seus superiores, o padre João regressou a Portugal, passando pela Baía de Todos os Santos, no Brasil. Chegou a Lisboa, precedido pela sua boa fama e foi recebido com entusiasmo pelo rei D. Pedro, o seu amigo de infância. Carregava no próprio corpo as marcas das torturas sofridas nas missões. D. Pedro convidou-o a permanecer na sua pátria, com a intenção de nomeá-lo membro do Conselho do Governo para as missões, mas João de Brito recusou a oferta. Visitou também algumas comunidades dos jesuítas a fim de conseguir fundos e mais missionários para a Índia. Teve ainda a oportunidade de reencontrar a sua mãe, momento de inesquecível alegria para ambos. Por onde passava, a todos dava edificante testemunho de vida.

Ansiava voltar para as missões, desse modo concretizaria o objetivo da sua vida: morrer na Índia anunciando o Evangelho.

Em 1690, retomou a evangelização; enfrentou graves tormentos, pressentindo que a sua vida chegava ao fim. O rei da região perseguia-o sem trégua. Em janeiro de 1693, João de Brito foi preso juntamente com um jovem brâmane. Ambos foram espancados. Depois foram colocados na prisão e alimentados apenas com pequena porção de leite por dia. Dali, João de Brito foi levado para Oriur, onde chegou no último dia de janeiro. Do cárcere, escreveu ao padre Lainez, superior da missão: "Agora espero padecer a morte por meu Deus e meu Senhor... A culpa de que me acusam vem a ser que ensino a Lei de Deus nosso Senhor... Quando a culpa é virtude, o padecer é glória".

Escreveu também ao velho amigo, padre Costa: "Fui enviado para Oriur ultimamente para ser degolado. Padeci muito no caminho, cheguei e fui levado a juízo. Confessei a fé cristã num largo exame. Tornaram-me a meter no cárcere, em que fico esperando o bom dia...".

Não esperou muito. No dia seguinte, 4 de fevereiro, Quarta-Feira de Cinzas, veio a condenação. São João de Brito foi decapitado. Em seguida, cortaram-lhe as mãos e os pés. E ergueram num poste o tronco e a cabeça. À semelhança de São João Batista, o heróico missionário português foi martirizado também por defender a unidade e indissolubilidade do matrimônio. Fiel à Palavra de Deus, durante toda a sua vida, deu o supremo testemunho pela Verdade, morrendo por ela.

Ao saberem do trágico desenlace, os padres foram ao local para recolher objetos pessoais e o que sobrara de seu corpo. Consta que o machado utilizado na excução foi enviado para Portugal e entregue ao rei D. Pedro II. Na corte portuguesa, a notícia foi recebida com tristeza e, ao mesmo tempo, como uma "boa-nova", já que se tratava de alguém considerado santo. Dona Brites, sua mãe ainda viva, recebeu a informação da morte do filho com dor no coração, mas com a consolação de ser a mãe de um mártir da Igreja.

O lugar em que o padre João de Brito foi executado passou a ser um ponto de peregrinação. E os milagres, por sua intercessão, aumentavam a cada dia. Crescia também o número de pessoas que desejavam abraçar a mesma fé cristã que levou João de Brito ao martírio. Após a sua morte, foram relatados muitos milagres pela intercessão do santo português. A sua beatificação ocorreu por iniciativa do papa Pio IX, em 21 de agosto de 1853. Foi oficialmente declarado santo pelo papa Pio XII, no dia 22 de junho de 1947. A sua festa litúrgica é o dia do martírio, 4 de fevereiro.

Oportunas foram as palavras pronunciadas na homilia da Missa presidida pelo papa São João Paulo II, no Parque Eduardo VII, em Lisboa, no dia 14 de maio de 1982: "Como não lembrar o exemplo de São João de Brito, jovem lisboeta que, deixando a vida fácil da corte, partiu para a Índia, a anunciar o Evangelho da salvação aos mais pobres e desprotegidos, identificando-se com eles e selando a sua fidelidade a Cristo e aos irmãos com o testemunho do martírio?".

Beata Joana de Portugal

A BELEZA DA FÉ E DA COMPAIXÃO

No século XV registrou-se, na Europa, um vivo despertar para as grandes navegações. Naturalmente, esse envolvente e promissor movimento era motivado por fortes interesses econômicos, ligados ao anseio de descobrir novas terras de onde haurir riquezas. Diversos fatores concorreram para fazer de Portugal o pioneiro na exploração do Oceano Atlântico: monarquia consolidada, território unificado, investimentos estrangeiros no comércio. Tudo isto somado à sua posição geográfica privilegiada.

Entusiasmada com as perspetivas de desenvolvimento, a corte portuguesa cercou-se então de navegadores, cartógrafos, homens do mar, e formou um grande centro de tecnologia marítima. Artesãos, intelectuais e artistas sentiram-se atraídos para Lisboa. Se, por um lado, esse movimento causou considerável êxodo rural e sua respectiva crise, por outro lado, pôs em destaque o aspecto moderno, urbano, do qual faziam parte a capital, o grande comércio e a vida da corte. O paço real era, aliás, o lugar por excelência da circulação de ideias. E as ideias, sabemos, movem o mundo. Foi justamente aí, na corte portuguesa da segunda metade do século XV, que surgiu a BEATA JOANA DE PORTUGAL, cuja biografia resumiremos em seguida.

Filha de D. Afonso V e de D. Isabel de Avis, e irmã do futuro rei de Portugal, D. João II, Joana nasceu a 6 de fevereiro de 1452. Órfã de mãe desde os 4 anos, Joana foi acompanhada na formação cristã e intelectual pela sua tia Filipa, uma fidalga muito religiosa, que a preparou para ser rainha. A beleza foi um de seus atributos, mas outros logo despontaram, pois demonstrou desde cedo um temperamento dócil, altruísta, com forte propensão para se consagrar inteiramente a Deus. Frequentava a regular vida da corte, enquanto cultivava as mais altas virtudes cristãs, sabendo disfarçar os sacrifícios que praticava. Tomou como emblema a coroa de espinhos de Cristo e, debaixo das suas ricas vestes, ninguém suspeitava que ela usava um cilício. Jejuava a pão e água, especialmente às sextas-feiras.

Ainda adolescente, destacou-se pelo dom da compaixão. Uma compaixão que não se limitava a lamentar a miséria alheia, mas a movia a arregaçar as mangas para dar pão aos famintos e roupa aos maltrapilhos. Foi o que Joana realizou de modo organizado: anotava num livro os nomes dos necessitados, o grau de pobreza de cada um e a data em que a esmola devia ser distribuída. Por ocasião da Quinta-Feira Santa, dia da Instituição da Eucaristia, e consequentemente do mandamento do amor deixado por Cristo, Joana reunia doze mulheres e lavava-lhes os pés. Com esse gesto, recordava o de Jesus ao lavar os pés dos seus discípulos, antes de sofrer a paixão e a morte.

Os olhos de toda a corte se voltavam para a jovem Joana, desejando-lhe cordialmente um brilhante futuro como rainha de Portugal. No doce coração de Joana, porém, crescia outra intenção, a saber: retirar-se para um convento e aí doar-se a Deus através de uma vida penitente. Nessa altura, muitos foram os pretendentes que se apresentaram pedindo a sua mão em casamento, nomeadamente o rei Carlos VIII da França e Ricardo III da Inglaterra. Mas não era a esses "amores" que ela queria entregar sua vida. A todos rejeitou, pois estava decidida a ser "esposa" só de Jesus Cristo.

Embora contrariado, o pai deu-lhe a permissão para entrar no convento. Talvez alimentasse a ilusão de que a filha não haveria de suportar a rígida disciplina da clausura e voltaria para o regime opulento e promissor da Corte Régia. A filha, no entanto, aos 20 anos, recolheu-se no Convento de Odivelas, de onde passou para o Convento de Jesus, em Aveiro. Foi no dia 4 de Agosto de 1472. Por ser princesa real e potencial herdeira do trono, não lhe foi possível professar os votos religiosos de pobreza, castidade e obediência, mas vestiu o hábito religioso e viveu em tudo como uma noviça dominicana.

Tinha uma grande devoção pela Paixão de Cristo, razão por que é quase sempre representada com um crucifixo na mão. Na vida conventual, com maior razão, praticava uma vida de penitência, edificando com as suas virtudes as irmãs do claustro. O seu irmão, D. João II, que subiu ao trono de Portugal em 1481, foi ao mosteiro conversar com a madre superiora, no intuito de levar consigo a sua irmã. Empreendimento talvez bem-intencionado sob o ponto de vista humano. Afinal, queria oferecer-lhe as glórias deste mundo: riqueza, fama, títulos... Joana, porém, não se afastou das suas convicções nem da firme decisão de permanecer fiel ao chamado divino, consagrando-lhe a vida até o fim dos seus dias.

Prosseguiu a sua vida, crescendo no amor a Deus e ao próximo, praticando penitência. Olhando as suas atitudes de humildade e obediência, nem parecia que ali estava a filha do rei. No convento, realizava os serviços mais simples e corriqueiros, como lavar roupa, amassar o pão, varrer as várias dependências do convento. Aprendeu a fiar e a tecer.

A enfermidade, no entanto, rondava o seu corpo frágil, até que a deixou acamada. Foi deslocada da sua pequena cela para uma sala mais ampla, onde acolhia as irmãs e rezava com elas. Na agonia, contou com a presença e com a assistência espiritual de um sacerdote. As irmãs da comunidade estavam ao seu lado rezando quando ela, abraçada a um crucifixo, expirou, aos 38 anos. Era o dia 12 de maio de 1490. Toda a cidade se vestiu de luto quando faleceu a princesa santa. E os pobres do lugar, que por ela foram socorridos nas suas necessidades, sentiram a sua partida como a de uma mãe protetora e caridosa. No seu túmulo ocorreram diversos milagres por sua intercessão.

    Duzentos anos mais tarde, precisamente em 1693, o papa Inocêncio XII reconheceu as virtudes heroicas de Joana e declarou-a "Beata Joana de Portugal". O papa São Paulo VI, em 1965, proclamou-a especial padroeira da cidade e da diocese de Aveiro. Em 2015, junto à Congregação para as Causas dos Santos, foi reaberto o processo de canonização da Beata Joana. Desse modo, a população não só de Aveiro, mas de todo o Portugal, aguarda ansiosamente o dia em que sua princesa seja oficialmente proclamada, pela Igreja, Santa Joana de Portugal.

Beato João Fernandes

EXEMPLO DE FORTALEZA E CORAGEM

JOÃO FERNANDES, nascido em Lisboa (que nesse tempo se reduzia quase exclusivamente à atual "baixa"), ao que parece na paróquia de São Julião (hoje paróquia de São Nicolau), foi um dos 73 missionários que, em 1570, acompanharam Inácio de Azevedo no sonho missionário da evangelização do Brasil. Tinha 19 anos e era noviço jesuíta, no Noviciado da Cotovia (hoje Museu Nacional de História Natural, depois de ser Real Colégio dos Nobres, Escola Politécnica e Faculdade de Ciências).

O jovem João Fernandes, seguindo o apelo missionário do padre Inácio de Azevedo, ofereceu-se para o acompanhar. Era muito importante aumentar o número de catequistas no Brasil. Assim, integrou, em janeiro de 1570, o grupo de jovens que o padre Inácio de Azevedo reuniu na Quinta de Vale do Rosal (Charneca de Caparica), a sul do Tejo, um local de apoio ao colégio jesuíta de Santo Antão (hoje Hospital de São José).

Durante cerca de seis meses, ali se prepararam para a viagem e para a sua futura ação missionária, estudando, rezando, discutindo e ouvindo explicações, meditando, vendo e escutando testemunhos sobre os novos povos e lugares. Mantinham-se assim inspirados por Inácio de Azevedo, que os preparava para as dificuldades e para o trabalho missionário.

A evangelização do Brasil tinha começado imediatamente após a sua descoberta em 1500. A ordem religiosa dos Jesuítas (Companhia de Jesus), fundada em 1540, enviou para a Terra de Santa Cruz os seus primeiros missionários, poucos anos depois da sua fundação. Passadas quase duas décadas, tornava-se necessário avaliar o trabalho realizado e definir objetivos. Para ajudar nesse projeto, foi enviado de Lisboa o padre Inácio de Azevedo, homem ativo, empreendedor e experiente, como reitor dos primeiros colégios de jesuítas em Lisboa e em Braga.

Após dois anos no Brasil, foi enviado a Roma, em 1565, como Procurador da Índia e do Brasil. Em Roma, recebeu grande apoio do papa Pio V e do Geral dos Jesuítas, Francisco de Borja, impressionado pelas palavras e pelo carisma missionário de Inácio de Azevedo. Consciente da urgência de enviar mais pessoas para o Brasil, o Padre Geral escreveu aos Provinciais de Espanha e de Portugal para que facultassem ao padre Inácio, nas suas terras, a recolha quer de missionários quer de recursos materiais.

A 5 de junho de 1570, João Fernandes parte do Tejo, com mais 73 companheiros, repartidos por três naus, rumo à ilha da Madeira. Em Funchal, primeira etapa da longa viagem, ficaram alojados na Quinta do Pico do Cardo. No dia 30 de Junho, pressentindo o perigo que iriam correr, dada a aproximação de corsários, Inácio de Azevedo convocou a comitiva antes do embarque: "Queria apenas voluntários da morte por Cristo"! Alguns hesitaram e não quiseram seguir, sendo imediatamente substituídos por outros. João Fernandes fazia parte dos primeiros quarenta voluntários que partiram, rumo às ilhas Canárias, onde permaneceram cinco dias.

Em 15 de julho, pouco depois da partida rumo ao Brasil, ainda nas costas de Tazacorte, são rodeados por uma frota de cinco navios de piratas huguenotes (protestantes), comandada pelo temível Jacques Sória. O comandante da nau pediu voluntários a Inácio de Azevedo, devido à desproporção do número de soldados para defender a nau. Mas a sua condição de religiosos não lhes permitia pegar em armas e atentar contra a vida de ninguém. No entanto, sempre que havia feridos, assistiam-nos, animavam os combatentes e rezavam sempre.

Estando já a nau ocupada pelos calvinistas e apercebendo-se eles que se tratava de católicos e missionários, investiram com as armas contra todos aqueles jovens, que foram assim maltratados, feridos e lançados ao mar, alguns deles ainda com vida. Indo ao seu encontro, Inácio de Azevedo, com a imagem de Nossa Senhora nas mãos, apresentou-se como sacerdote de Cristo: "Todos sejam testemunhas como morro pela Fé católica e pela Santa Igreja Romana". Depois deste ato, um soldado deu-lhe um golpe na cabeça. Azevedo ainda se dirigiu aos seus companheiros dizendo: "Não choreis, meus filhos. Não chegaremos ao Brasil, mas fundaremos, hoje, um colégio no céu". Os huguenotes, perante tanta firmeza, resolveram acabar com a vida de Inácio de Azevedo e lançá-lo ao mar.

Humanamente, era uma catástrofe para a evangelização do Brasil, mas o testemunho da fé destes mártires falou mais alto e o seu papel de evangelizadores ficou provado pela onda de entusiasmo que suscitou por todo o mundo católico. O sangue de mártires foi, mais uma vez, semente de cristãos. Assim, encontramos o elemento fundamental da espiritualidade do Beato João Fernandes: tinha a sua vida profundamente enraizada em Cristo.

O tempo passado na Quinta de Vale do Rosal, tempo dedicado à oração, ao estudo, ao convívio fraterno entre os noviços e à formação a respeito dos lugares e povos que deveriam vir a conhecer, mostra a sua profunda espiritualidade, fundada sobre três pilares.

Em primeiro lugar, a oração. Marcados pela experiência espiritual de Santo Inácio de Loyola, especialmente os Exercícios Espirituais, fizeram o percurso interior da descoberta de Deus. Aprenderam que "o homem é criado para louvar, fazer reverência e servir a Deus nosso Senhor e, mediante isto, salvar a sua alma; e as outras coisas sobre a face da terra são criadas para o homem, e para que o ajudem no progresso do fim para que é criado", como se lê no Princípio e Fundamento daquele escrito de Santo Inácio. Só assim se compreende a coragem de João Fernandes para, mesmo sabendo o perigo que tinha pela frente, não desistir de se lançar na missão.

Em segundo lugar, o estudo e a formação. Para partir em missão, tinham de conhecer bem a sua fé e também conhecer igualmente bem os povos a que se dirigiam. Queriam conhecer o que tinham a transmitir e conhecer aqueles a quem se dirigiam. Este estilo missionário mostra a espiritualidade que viviam: por um lado, um grande amor a Jesus Cristo, conhecendo-o e conhecendo a Igreja; por outro lado, um grande amor por aqueles que queriam evangelizar, de forma a dirigirem-se a eles da forma mais conveniente, conhecendo-os tanto quanto possível. Usando uma imagem do papa Francisco, eles queriam ser pastores com cheiro de ovelha.

Em terceiro lugar, a vida comunitária. Não há Cristianismo sem comunidade. Jesus Cristo quando anuncia a Boa-Nova, reúne em torno de si uma comunidade, não só reunidos, mas verdadeiramente unidos e em partilha comunitária. Assim também aqueles jovens missionários em torno de Inácio de Azevedo: viviam em comunidade e assim viviam em Igreja, família dos filhos de Deus.

Pio IX reconheceu e confirmou a devoção ao Beato Inácio de Azevedo e aos seus 39 companheiros de martírio, a 11 de maio de 1854, instituindo a sua festa a 17 de julho. Mas o seu exemplo continua a ser importante para nós, hoje.

A palavra "mártir" significa "testemunha". Foi utilizada, nos primeiros tempos do Cristianismo, para indicar os Apóstolos e os primeiros discípulos que, tendo presenciado os milagres e a Ressurreição de Jesus, derramaram o seu próprio sangue para dar disso testemunho. Posteriormente, o termo foi utilizado num sentido mais amplo, para designar todos os cristãos que preferiram a morte a renegar a sua Fé.

Tendo sido Jesus Cristo o Mártir por excelência, mártir é todo aquele que, à semelhança de Cristo, dá o testemunho da verdade com a própria vida. O martírio constitui um ato supremo da virtude da fortaleza e o mais perfeito ato de caridade. Para haver verdadeiro martírio, são necessárias três condições: que se sofra verdadeiramente a morte corporal; que a morte seja infligida por inimizade à fé cristã; e que a morte seja aceita voluntariamente.

Por tudo isto, a grande atualidade do Beato João Fernandes consiste em mostrar que vale a pena oferecer a nossa vida por Cristo. Mostra-nos também que isso só é possível se brotar de uma relação de comunhão com Deus. Exemplo de fortaleza e coragem, pode animar-nos hoje a todos nós que queremos viver o Evangelho na nossa sociedade e queremos ser apóstolos de Jesus Cristo com os nossos amigos e colegas.

Beata Maria Clara do Menino Jesus

"FAZER O BEM ONDE HOUVER O BEM A FAZER"

Quando nos preparamos para receber em Portugal as Jornadas Mundiais da Juventude, podemos dirigir o nosso olhar para a santidade que floresceu na Diocese de Lisboa. Exemplo claro disso é o da BEATA MARIA CLARA DO MENINO JESUS: nascida em Lisboa, aqui cresceu e descobriu a vontade de Deus. É um testemunho da santidade próxima de cada um de nós, mostrando o objetivo último de uma JMJ: fazer surgir no coração de cada jovem o desejo de seguir Jesus, de fazer a vontade de Deus, enfim, a vontade de ser santo.

Nascida em 15 de junho de 1843, Libânia do Carmo Galvão Mexia de Moura Teles e Albuquerque pertencia a uma família nobre. Nasceu na Amadora, perto de Lisboa. Poucos meses depois, no dia 2 de setembro, recebeu o batismo na Igreja de Nossa Senhora do Amparo de Benfica. Perdeu a mãe, Maria da Purificação de Sá Carneiro Duarte Ferreira, em 1856, vítima de cólera-mórbus, e o pai, Nuno Tomás de Mascarenhas Galvão Mexia de Moura Telles e Albuquerque, no ano seguinte, vítima de febre amarela. Ficou órfã com 14 anos, mas continuou sempre a demonstrar o seu espírito enérgico e independente, aliado a um temperamento forte e ao carácter firme.

Depois de ficar órfã, integra o Asilo Real da Ajuda, destinado a órfãs de famílias nobres e dirigido pelas Filhas da Caridade Francesas (Irmãs de São Vicente de Paulo). Um incêndio destruiu o prédio onde estava instalado o asilo e, em 1862, as religiosas foram expulsas de Portugal. Mudou-se para o Palácio dos Marqueses de

Valada, para continuar a sua formação, própria da classe nobre. Estamos diante de uma vida que foi marcada desde cedo por muitas vicissitudes, e também, desde cedo, sentiu o apelo a um ideal maior. Talvez pela situação fragilizada que atravessou, sentia um especial apelo a cuidar dos mais pobres e fracos. Desejava a vida religiosa consagrada a Deus e ao serviço dos pobres. Assim, recolheu-se em 1867, como pensionista, na Casa de São Patrício, junto das Irmãs Capuchinhas, orientadas pelo padre Raimundo Beirão. Durante os meses seguintes, aprofundou o chamado de Deus e, em 1869, tomou o hábito de Capuchinha de Nossa Senhora da Conceição e recebeu o nome de Irmã Maria Clara do Menino Jesus.

No dia 10 de fevereiro de 1870, o padre Beirão enviou-a para Calais, em França, para aí fazer o noviciado, para que, regressando a Portugal, fundasse uma nova congregação religiosa. Professou os votos perpétuos no dia 14 de abril de 1871, ainda na França, regressando no dia 1º de maio a Portugal como Superiora Local, com o fim de estabelecer em São Patrício um noviciado filiado a Calais. Cinco anos depois, em 27 de março de 1876, a Congregação estava já aprovada pela Santa Sé.

O grito da realidade, a pobreza e a miséria humana apontaram o caminho a seguir. Era necessário olhar para a situação concreta e responder com toda a vida e com todo o coração. O crescimento da obra fez com que cedo a Casa de São Patrício fosse insuficiente para as necessidades. Deste modo, conseguiu junto do Governo a doação do Convento das Trinas, que passou a ser a Casa-Mãe da Congregação. No dia 13 de julho de 1878, com a morte do padre Beirão, a irmã Maria Clara assumiu sozinha a orientação da Congregação.

Durante os 28 anos seguintes, a irmã Maria Clara fez um trabalho imenso na presidência da Congregação: recebeu cerca de 1000 irmãs, fundaram-se mais de 142 obras, entre hospitais, enfermagens à domicílio, creches, escolas, colégios, assistência a crianças e idosos, cozinhas solidárias, entre outras. Foi profundamente pioneira da ação social em Portugal, mas recusando um mero assistencialismo: o pobre, o desvalido, o fraco e o doente eram reconhecidos como sendo o próprio Cristo.

Como fundamento de toda esta ação caritativa, encontramos aquele gesto de 26 de junho de 1882, pelo qual, em Braga, se dá a consagração da Congregação ao "Coração Sagrado do Redentor e Rei de todos os corações". Trata-se de um sinal muito particular, porque com ele a madre Clara quer oferecer ao Sagrado Coração de Jesus o coração de cada irmã, mostrando que o fundamento da enorme ação caritativa tem de ser sempre o amor a Deus.

Podemos dizer que este é o traço primordial da sua biografia: uma vida consumida ao serviço de Deus, socorrendo os mais pobres e fracos. Morreu no dia 1º de dezembro de 1899, com 56 anos, vítima de doença cardíaca, asma e lesão pulmonar. Foi sepultada três dias depois, acompanhada de uma grande multidão que reconhecia o seu enorme trabalho caritativo. Foi beatificada no dia 21 de maio de 2011.

A vida luxuosa que, quando jovem, nunca a deixou de envolver, não conquistou o seu coração, e pretendeu sempre colocar a sua vida ao serviço. Este é o principal traço da sua espiritualidade, que durante as quase três décadas em que orientará a Congregação que fundou, será sintetizado na expressão: "Trabalhemos com amor e por amor". Tinha de ser um trabalho sem limites, por isso o lema do Instituto por ela fundado é: "Fazer o bem onde houver o bem a fazer".

Outro traço da sua vida é a profundidade espiritual. Madre Maria Clara não era movida somente por uma compaixão circunstancial, mas por um sério propósito de amar a Deus concretizando-se este amor no cuidado dos mais pobres. Este traço é particularmente importante, porque mostra que a ação caritativa nunca se deve desligar da vida de oração e da contemplação de Cristo, presente nos fracos e pobres.

Um terceiro traço do seu perfil espiritual é aquilo que D. José Policarpo afirmou na homilia da Missa de Beatificação da madre Maria Clara: "Não esqueçamos a sua ousadia missionária e a sua firmeza, mostrada perante todas as dificuldades com que foi deparando". Esta coragem nasce da fé e do total abandono nas mãos de Deus: quem sabe que tem Deus na sua vida, sabe que nada há a temer e que, por isso, pode sempre lutar para em tudo fazer a vontade de Deus.

Maria Clara foi colocada diante das graves necessidades da sua época. Ainda que tenha crescido num ambiente privilegiado, o seu coração nunca se endureceu diante do sofrimento do outro. Então, diante da realidade, escutou a voz de Deus que a chamava a colocar-se ao serviço dos fracos. Este parece ser o principal traço da atualidade da sua vida e da sua espiritualidade: uma sensibilidade interior para descobrir Jesus Cristo naquele que sofre e viver a profunda consciência de que Jesus está nos famintos, nos pobres, nos doentes. Com a Beata Maria Clara podemos aprender a estar atentos ao mundo à nossa volta e a oferecer a nossa própria vida para ir em socorro das necessidades dos outros.

Beato Pier Giorgio Frassati

"UM HOMEM COMPLETO E UM CRISTÃO PLENO"

Aos jovens de hoje, a amizade com PIER GIORGIO FRASSATI pode ajudar muito na construção da própria identidade e na vivência do dia a dia como discípulos de Jesus. Encontramos a grande proposta deste exemplo de santidade nestas palavras que ele escreveu a um seu amigo: "Viver sem nenhuma fé, sem um patrimônio a defender, sem defender através de uma luta contínua a Verdade, não é viver, mas envelhecer. Nós não podemos envelhecer, mas viver".[1]

Pier Giorgio nasceu numa família da alta burguesia piemontesa, no dia 6 de abril de 1901, em Turim. O pai, Alfredo Frassati, tinha altos valores morais, mas não era crente, ainda que sempre tivesse respeitado a tradição religiosa. Muito envolvido na política italiana, quer como senador, quer como embaixador, incutiu no filho mais velho o gosto pela participação política. A mãe, Adelaide, reconhecia-se católica, mas sem especial envolvimento na vida de fé. Apesar deste clima religioso pouco ou nada fervoroso, os pais de Pier Giorgio quiseram que tanto o filho como a filha Luciana (um ano mais nova do que o irmão), tivessem uma formação religiosa rica, confiando-os à direção de um padre salesiano.

A partir dos 9 anos, passou a frequentar o liceu e, no dia 19 de junho de 1911, recebeu a Primeira Comunhão.

---
[1] A presente biografia foi redigida a partir dos dados de Michele ARAMINI, *Pier Giorgio Frassati: Um jovem segundo o Evangelho*, Lisboa, Paulus, 2016.

Um dos aspectos relevantes da vida de Pier Giorgio em relação à sua infância é que não há nada de excepcional: cresceu e formou-se como qualquer outro membro da alta burguesia de Turim da sua idade. No entanto, quando completou 12 anos, reprovou de ano e os pais decidiram mudá-lo de escola, para um colégio dirigido por padres jesuítas. Era o habitual em famílias pouco religiosas: quando a criança reprovava, matriculava-se numa escola católica para melhorar o rendimento escolar. Podemos dizer que esta reprovação foi providencial: integrou-se no Apostolado da Oração e começou a fazer longos tempos de adoração eucarística.

No dia 10 de junho de 1915, recebeu o sacramento do Crisma. Envolveu-se também na atividade caritativa, entrando para a Conferência de São Vicente de Paulo, outra iniciativa existente no colégio dos Jesuítas. Ao mesmo tempo, descobriu a grande importância da direção espiritual, que terá um papel muito relevante na sua caminhada cristã. Simultaneamente, desenvolveu diversos gostos artísticos motivados pela sua família.

Em 1918, terminou os estudos liceais e entrou no Politécnico de Turim, em Engenharia de Minas porque, estando ele já muito envolvido nos problemas sociais da população, percebeu que o trabalho com os mineiros era particularmente importante e um campo necessitado de muito apostolado. Com efeito, os operários mineiros eram os mais pobres e os menos protegidos, por isso, estudando engenharia na especialização mineira, poderia providenciar maior apoio moral e material. Ao mesmo tempo que seguiu para os estudos superiores, passou a intensificar a sua ação caritativa, nomeadamente na Conferência de São Vicente de Paulo.

A partir de 1919, reforçou a sua intervenção cívica e política, nomeadamente inscrevendo-se no Círculo Cesare Balbo da Federação Universitária Católica Italiana. Em 1920, inscreveu-se no Partido Popular Italiano. Neste ano, o pai foi nomeado embaixador da Itália em Berlim, o que possibilitou ao nosso jovem conhecer as elites católicas alemãs, durante o ano de 1921. No entanto, em 1922, com o advento de Mussolini, o pai demitiu-se do cargo de embaixador por ser antifascista.

Durante o ano de 1922, cresceu no empenho associativo, ao mesmo tempo que amadureceu a sua espiritualidade cristã: entrou na Ordem Terceira de São Domingos, assumindo o nome de Jerônimo (em memória de Savonarola, personalidade muito marcante pela vivência da liberdade e pela iniciativa de viver o Evangelho). Em todo este percurso, quer na iniciativa cívica e política, quer na vida religiosa, têm muita importância os seus amigos, como escreve numa carta: "Na vida terrena, depois do afeto dos pais e irmãos, um dos afetos mais belos é o da amizade: e eu, todos os dias, tenho de agradecer a Deus por me ter dado amigos e amigas tão bons que constituem para mim um guia precioso de toda a minha vida".

O ano de 1923 será especialmente marcante pela sua intervenção política: participou no Congresso do Partido Popular. Saiu do Círculo Cesare Balbo depois deste ter desfraldado a bandeira para a visita de Mussolini. Para Pier Giorgio, o fascismo é uma espécie de "associação delinquente ou de ladrões ou assassinos ou de idiotas". Diante do crescimento deste movimento, Pier Giorgio não deixa de se empenhar na oposição. Para ele, a necessidade de se opor ao fascismo nascia das suas convicções religiosas e morais, que influenciavam a sua conduta política. Em maio de 1924, fundou a companhia dos Tipi Loschi, na qual exprimirá a síntese entre uma grande fé e uma autêntica alegria jovem. É preciso sublinhar que todo o empenho cristão de Pier Giorgio acontece num ambiente de indiferença religiosa, e muitas vezes mesmo de hostilidade em relação à fé.

Em finais de junho de 1925 é diagnosticado com poliomielite fulminante, morrendo no dia 4 de julho. O funeral celebrou-se no dia 7, com uma inesperada multidão. Juntou-se muita gente, não só de pessoas que o conheciam, mas sobretudo de pessoas pobres que tinham sido ajudadas por ele. Ninguém tinha consciência da dimensão da sua ação para com os mais pobres.

Como já referimos antes, a direção espiritual terá um lugar fundamental na vida cristã de Pier Giorgio. Ele percebe que é impossível ser cristão sozinho e tem a humildade de pedir ajuda. Por intermédio dos vários guias que Deus colocou no seu caminho, especialmente sacerdotes jesuítas e dominicanos, ele descobriu a fundo a espiritualidade a que era chamado. O fundamento da espiritualidade de Pier Giorgio é a vivência do Batismo: descobrir-se cada vez mais como filho de Deus e descobrir as melhores formas de viver como filho de Deus. A expressão por que ficou conhecido: "*Verso l'alto* – Para o alto" é a expressão do nascimento do alto, que acontece pelo sacramento batismal (cf. Jo 3,3).

Deste modo, a sua espiritualidade acontece através do encontro com Cristo no sacramento da Eucaristia. Se é chamado a viver como filho de Deus, tem de receber o próprio Filho de Deus, o seu Corpo, para receber a graça que transforma a vida de Pier Giorgio para se identificar cada vez mais com Cristo. A celebração da Missa terá o lugar central da sua oração, assim como a adoração ao Santíssimo. Com efeito, o seu empenho por ajudar os mais pobres nasce de uma consciência aprofundada do que é a Eucaristia: se Jesus o visita através deste sacramento, ele retribui o encontro com Jesus visitando-o nos mais pobres e fragilizados.

Depois, o grande amor a Nossa Senhora, que ele aprofunda quando se torna membro da Ordem Terceira Dominicana. Se Nossa Senhora foi em quem se gerou a carne humana do Verbo de Deus encarnado, também é pela Virgem Maria, com ela e como ela, que podemos aprender a viver melhor como filhos de Deus. O Terço será especialmente importante.

No plano espiritual de Pier Giorgio também tem muita importância a leitura da Palavra de Deus. É nela que encontra os meios para o crescimento espiritual, de forma muito especial as cartas de São Paulo.

Estes elementos da vida espiritual de Pier Giorgio ajudam a compreender como ele fazia a síntese entre a vida cristã e o empenho cívico e político. Da situação concreta do dia a dia, ele partia para a oração, para o encontro com Deus. Apresentava a Deus, no íntimo do seu coração, as pessoas, as atitudes, os acontecimentos. Diante de Deus e partindo dos critérios de Deus (especialmente a Palavra de Deus) encontra a luz que guiava as decisões a tomar. Assim, ia da situação concreta até Deus e de Deus à situação concreta. Tudo isto levava-o a viver num permanente desejo de construir o bem em todas as circunstâncias: na caridade, na política, no grupo de amigos.

Há dois aspectos em que Pier Giorgio se distingue de forma muito marcante: era um homem completo e um cristão pleno.

Como homem completo, vemos como desenvolve as qualidades que o tornam uma pessoa agradável: simpatia pessoal, vontade de estar com os amigos, alegria interior, pureza de coração, amor pelo esporte e pela beleza da natureza, desejo de praticar o bem.

O nosso jovem une estas qualidades humanas às qualidades espirituais, que fazem dele um cristão pleno, como a oração íntima com Deus, a fé inabalável e o empenho social. Como base de toda a sua vida, está o amor a Deus, que se traduz em amor pela Igreja, pelo mundo e pelos outros.

A atualidade do seu testemunho de fé e de santidade reside de forma particular nos três vetores do seu compromisso que foram também os três tipos de associativismo que Pier Giorgio viveu: a dimensão espiritual, a dimensão caritativa e a dimensão universitária e política. Assim, Frassati mostra a todos os jovens de hoje que é necessário e bom que a vida nunca esteja fechada em si mesma, mas que todos se coloquem ao serviço de Deus e dos outros. Só a comunhão com Deus pode alimentar o compromisso social e é isso que nos mostra Pier Giorgio.

Por diversas vezes os Papas têm falado sobre o testemunho de Pier Giorgio. Quando João Paulo II visitou, em julho de 1989, o seu túmulo, disse as seguintes palavras sobre a curta vida deste jovem: "A determinação peculiar do seu testemunho nasce do radicalismo da sua adesão a Cristo, da limpidez da sua fidelidade à Igreja, da generosidade do seu empenho missionário. Ele ofereceu a todos uma proposta que também hoje não perdeu nada da sua força fascinante. Desejo a cada um, especialmente aos jovens, que saibam tirar da sua rápida mas luminosa história de vida inspiração e estímulo para uma vida de coerente testemunho cristão". Quase um ano depois, saudando os peregrinos que se dirigiram a Roma para a beatificação de Pier Giorgio, o Papa disse ainda estas palavras, que mostram o grande desafio que este jovem beato revela a todos nós, e com as quais concluímos: "Quando o coração está cheio de Deus, a fé traduz-se num serviço generoso aos irmãos, especialmente aos mais necessitados, sem que nada, nem sequer o sofrimento e as provações, apague o entusiasmo do verdadeiro cristão [...]. A Igreja pede-vos que sejais todos santos na 'normalidade' da existência, como o foi Pier Giorgio Frassati, a cuja proteção vos confio uma vez mais".

Beato Marcel Callo

UNIU A ALEGRIA DA JUVENTUDE E O CAMINHO DA VIDA CRISTÃ

MARCEL CALLO aparece na história da Igreja como modelo de santidade que surge no âmbito do escotismo católico. Robert Baden-Powell lançou as bases do método escotista, que foi abraçado apaixonadamente pelo padre Jacques Sevin, que compreendeu como o método do fundador correspondia às aspirações mais profundas da fé católica. A santidade testemunhada por Marcel Callo – e por outros que viveram a lei do escoteiro – é a "marca de qualidade" do escotismo: a Igreja existe para ser testemunho da santidade de Deus no mundo e os santos particulares são expressão dessa santidade.[2]

Nasceu no dia 6 de dezembro de 1921, no seio de uma família profundamente cristã. Irmão mais velho, depois dele nasceram seis meninas (uma delas não viveu mais do que alguns meses) e um rapaz. Por ser o mais velho, a sua mãe conta com a sua ajuda para as tarefas familiares. Torna-se, por isso, o líder daquela "primeira patrulha", isto é, ele e os seus irmãos.

Numa família tão numerosa, a mãe ocupa-se das tarefas de casa. O pai é funcionário da empresa responsável pelas vias públicas (Ponts et Chaussées). Vivem numa casa modesta de Renne, Bretanha. Primeiro viveram numa casa alugada, mas quando finalmente puderam comprar uma, durante as obras, ocuparam a garagem

---

[2] A presente biografia foi redigida a partir dos dados de Francine BAY, *"Beaucoup trop catholique": Le Bienheureux Marcel Callo*, Paris, Pierre Téqui Éditeur, 2004.

da casa. Marcel tinha 8 anos e dizia que durante aquele tempo viveram como Jesus no presépio. Um pouco de terreno permite cultivar legumes e criar algumas galinhas, que o filho mais velho daquela família gosta de ir alimentar. Como descreve uma das irmãs: "Ficávamos felizes quando regressávamos a casa e encontrávamos a mamãe que nos acolhia. Precisávamos dela. O pai e a mãe apoiavam-se um ao outro, claro. Mal regressava do trabalho, o pai ajudava a mãe: estendia a roupa, limpava os nossos sapatos. À noite, púnhamos a mesa todos juntos. Depois do jantar, levantávamos a mesa, lavávamos a louça e depois vivíamos um grande momento. Parece-me ainda ver o meu pai: ele deitava-se muito cedo, porque tinha de se levantar às 4h30 ou 5h da manhã. Traçava o sinal da cruz sobre a fronte dos seus filhos, antes de se retirar para o seu quarto, e rezava de joelhos junto da cama. Não eram precisos discursos, por isso, era normal fazermos a mesma coisa. Todos sentados na cozinha, recitávamos o terço em voz alta e, a seguir, de joelhos, dizíamos a grande oração da noite. Era assim todas as noites. Era certamente, das lições de catequese, a mais eficaz que uma criança pode receber. E também víamos a nossa mãe: ela gostava de ser prestativa e ajudava os vizinhos".

Marcel era um rapaz muito piedoso, como toda a sua família, mas era também muito brincalhão. Qualquer pessoa que se cruzasse com ele percebia isso desde logo pela vivacidade do seu olhar. Pregava várias peças e brincava bastante com os seus irmãos, especialmente com Marie Madeleine, a que tinha apenas um ano a menos que ele. O pátio da casa era o lugar das suas brincadeiras. No entanto, quando a mãe chamava os filhos e eles não vinham logo, Marcel, como irmão mais velho, obrigava todos a entrarem, como que marchando, com a vassoura.

Nas tarefas de casa, Marcel era bastante meticuloso a ajudar nas várias tarefas e muito asseado em relação a tudo, como a mãe os ensinou, como dizia: "O luxo dos pobres é o asseio". Além de ser algo que se aprende em casa, é também uma forma de viver a lei do escoteiro. É também muito esportista e junta os irmãos e os amigos para jogar bola na rua. Os amigos cansam-se rapidamente, porque Marcel tem muita energia e é um rapaz cheio de vida. O principal defeito deste jovem é ser teimoso e querer sempre que seja o seu ponto de vista a vencer. Mas ele sabe, no entanto, reconhecer as suas falhas, o que faz com que todos gostem dele.

Na escola é bom aluno, mas como está sempre com o espírito desperto, por vezes é irregular no seu trabalho. É sempre dos primeiros da turma, mas recebe também avisos ou pequenos castigos por parte dos professores, porque acham que ele devia trabalhar de forma regular. Por isso, por vezes, não o deixam sair para o recreio. Como disse um dos seus professores: castigá-lo era também castigar os outros, porque era ele que fazia e promovia os jogos e brincadeiras. De uma forma geral, contudo, achavam que ele era aplicado e atento, além da sua boa presença, da sua alegria e da sua retidão.

Quando tinha oito anos, sentiu-se impelido a juntar-se à *Croisade Eucharistique*, um movimento que pretende dar aos mais novos um verdadeiro encontro com Jesus presente na Eucaristia. Este movimento oferece o primeiro plano de oração para os seus membros: logo pela manhã, ofereciam a Jesus tudo o que se vai ter nesse dia e fazer o propósito de viver tudo com Jesus. É por isso que, durante vários anos, Marcel logo de manhã ajuda à Missa, como acólito, às 7h30, na capela próxima de sua casa, a mesma igreja onde fez a sua Primeira Comunhão. Confessa-se a cada 15 dias. É um autêntico cruzado, que vive mesmo a divisa "Reza, Comunga, Sacrifica-te, sê Apóstolo". Percebe-se, assim, melhor onde esta criança viva e extrovertida, brincalhona e razoável, encontra a sua alegria contagiosa e, ao mesmo tempo, a força para lutar contra os seus defeitos; percebemos também o seu segredo, que o motiva a ajudar o outro, ajudar o padre, dar um sorriso ao outro ou lavar a louça cantando.

Fez promessa como escoteiro em 18 de junho de 1934, quando tinha 12 anos, e participava com muito entusiasmo nas atividades do grupo. Mesmo parecendo inconstante no seu trabalho escolar, acaba por obter o diploma dos primeiros estudos. Depois destes estudos, entra, no dia 1º de outubro, antes de fazer 13 anos, como aprendiz de tipógrafo numa casa de impressão. A família era numerosa e Marcel quer contribuir para as despesas da casa. Era uma questão de honra para ele. Por isso, começa a trabalhar tão cedo. O ambiente na tipografia era difícil: além de ter de trabalhar sempre de pé e de ser um lugar muito ruidoso, os colegas de trabalho, diante de alguém tão jovem, mas ao mesmo tempo tão próximo de Jesus, põem à prova a sua fé. Com efeito, o que é mais duro não é o trabalho em si, mas a atitude dos colegas de tipografia: na cabeça deles não se pode ser ao mesmo tempo cristão e operário. Marcel não tem vergonha de ser católico, bem pelo contrário: não esconde a sua fé. Não cai em blasfêmias. Felizmente ele é teimoso e, mesmo isolado, mantêm-se fiel a Jesus. Certa vez a mãe pergunta-lhe por que por vezes parece triste, Marcel lhe diz: "Mamãe, se soubesses o que ouço na oficina". Então, conta-lhe tudo o que ouve sobre religião, a Igreja, a Missa e as mulheres. Então, a mãe ensina-lhe uma oração a Nossa Senhora, que ele vai dizer quando for para o trabalho: "Minha boa Mãe, lembrai-vos de que vos pertenço, guardai-me e defendei-me como coisa própria vossa". A partir desse dia, socorrido pela mãe da terra e pela Mãe do Céu, Marcel nunca mais vai dar atenção às conversas imorais. Apesar de ser tão jovem, esta situação vai forjar profundamente o seu caráter. Depois desta prova, começa a ser muito apreciado pelo seu trabalho e vai ajudar todos os novos funcionários, especialmente ajudando-os a que não abandonem a fé e a Igreja. Faz com que na oficina reine o espírito cristão.

Aos domingos, prepara-se bem para a Missa e também para se juntar à sua patrulha de escoteiros. Participa no campo de Lourdes e é chefe de patrulha, uma patrulha de operários como ele, onde é muito apreciado pelo seu zelo apostólico e por ser bom comunicador. Realiza plenamente o ideal do escoteiro. Como chefe, impunha-se pelo seu caráter. Não se discutia a sua autoridade, porque ele era um exemplo. Nunca pede a outro o que ele não pratica, sendo um grande modelo de coerência cristã.

A esta altura, chega também um padre novo à sua paróquia que o convida para participar na J.O.C. (Juventude Operária Católica). A Marcel, agradou-lhe muito este movimento e percebeu que podia ter uma influência muito positiva nos outros jovens operários. Contudo, pareceu-lhe que, para pertencer a este movimento, teria de abandonar o escotismo, o que não lhe agrada. Mas o padre e a mãe insistem que se devia dedicar à J.O.C., até que um dia vai a uma reunião, mas fica um pouco desapontado, porque não encontra aí o que encontra no escotismo. No entanto, acaba por aderir porque percebe que o que ele quer mesmo é cumprir o seu dever, fazer o bem, colocar-se ao serviço do outro, ser apóstolo de Jesus no mundo operário, que é o dele. Aí, ele não tem dúvidas de que há muitas almas para ganhar para Cristo. Adere à J.O.C., mantendo-se também na patrulha de escoteiros.

A adesão à J.O.C. causa um transtorno inicial, porque os operários suspeitavam muito da Igreja, que consideravam associada ao patronato. Assim, nos primeiros anos há alguma tensão, mas Marcel consegue impor-se e fazer-se respeitar por causa do seu comportamento. Diante das maiores dificuldades, Marcel é reto e forte, sem nunca faltar ao respeito, nem menosprezando o seu adversário. Aprofundando o ideal da J.O.C., ele reconhece toda a sua beleza e força, chegando a ocupar lugar de chefia, logo com 14 anos. É um elemento ativo e empenhado. Vive o princípio fundamental do movimento: "Aprender a pensar como Cristo e ter a mentalidade de Cristo". Esta máxima será o farol da sua vida. Ao mesmo tempo, não despreza os tempos de lazer, que ele percebe como meio para manter o grupo da J.O.C. unido, além de ser algo que ele aprecia muito, pelo seu espírito brincalhão e esportista.

Com o início da guerra na Alemanha, vamos entrar numa nova fase da vida do Beato Marcel, em que se mostra toda a sua coragem e tenacidade. Inicialmente, surgem algumas ameaças no ar, mas ele consegue manter a sua rotina. Procura continuar a evangelizar a todos, especialmente percorrendo a cidade e encontrando os operários. Durante a Quaresma de 1941, as pessoas voltam-se mais para Deus, mas mesmo assim Marcel procura que o grupo da J.O.C. desenvolva missões junto dos mais jovens. Assim, consegue que muitos se aproximem da Igreja e da vida de fé. Os tempos de oração e meditação têm um lugar muito importante nos encontros de formação, mas sempre numa grande proximidade com a vida quotidiana dos operários. Como um dos operários testemunha: "Nós pensávamos que para se ser um bom cristão bastava fazer a oração da manhã e da noite, assistir à Missa ao domingo e mais nada. Fora disso, não havia mais nada a fazer. Desde que Marcel me tem ensinado, eu não assisto mais à Missa, tento participar, e não vir de mãos vazias, oferecendo alguma coisa da minha vida".

Em gestos simples, consegue unir a alegria da juventude ao caminho de vida cristã. Como no Dia de Todos os Santos, em que vai ao cinema juntamente com os outros operários. São criticados por estarem no cinema num dia como aquele. No entanto, quem critica não sabe que logo após o cinema vão todos juntos à Igreja rezar. Nestes pequenos gestos, Marcel mostra o grande equilíbrio da forma como vive e como propõe a vida cristã.

Durante o tempo de guerra, tem de redobrar os cuidados, nomeadamente por causa do recolher obrigatório. Mesmo quando 40 membros do grupo são chamados para a guerra, o grupo continua a rezar por eles e escreve cartas de apoio, não só para eles, mas também para os outros soldados. Quando há um bombardeamento, o grupo, chefiado por Marcel, disponibiliza-se para ajudar os feridos.

A determinada altura, obrigam-no a fechar a J.O.C. e Marcel vê-se obrigado a esconder tudo. Então, toma a decisão de mudar o nome da instituição para "Associação Esportiva", mantendo todas as suas atividades. Começa a "fase das catacumbas" e da clandestinidade. Estamos pelo ano de 1940.

Por esta altura, conhece uma jovem por quem se apaixona. Marguerite encanta-o pela sua beleza, pela sua espontaneidade e simplicidade. Só quando faz 21 anos a beija na face pela primeira vez. Como ela descreve: "Ele quis atrasar esse gesto para agradecer a Deus por nos termos conhecido". Eles decidem rezar juntos, cada um individualmente, um tema definido por ambos, todos os dias, durante 15 minutos. Assim caminham na sua relação, deixando que esta seja sempre iluminada por Deus.

Vários pontos da cidade são bombardeados. Quer a tipografia, quer o local onde estava a sua irmã. Marcel corre para o local e é ele quem encontra a sua irmã morta entre os escombros. Tem de dar a notícia à família, que se une desde logo em oração. Estamos, nesta altura, na Quaresma de 1943. No dia do funeral, Marcel não tem coragem para dizer aos pais que tem no seu bolso uma carta em que é recrutado para ir trabalhar para o serviço de trabalho obrigatório na Alemanha, uma forma do regime nazista substituir os trabalhadores dos campos e fábricas que foram chamados para a guerra. Ele pede um adiamento de uma semana, que lhe é concedido. Então, decide partir, não como trabalhador, mas como missionário.

Sabe que há muito para fazer para tornar Cristo conhecido lá.

Alguém que regressa do serviço de trabalho obrigatório recomenda-lhe a "estar calado", enquanto estiver lá. O ambiente de perseguição e controle é muito grande. Parte, então, apenas com uma mochila, como se fosse para um acampamento: leva os livros da J.O.C, um missal, um terço, a Bíblia, alguns apontamentos. Em suma, todo o seu material de missionário, além de algumas fotografias. Diz: "Todas as manhãs, antes de partir, pude assistir à Missa e comungar. Assim, nada foi esquecido e eu parti 'em forma'". Marcel está sempre à beira das lágrimas, sem que nunca se veja isso.

Chegado à Alemanha, é integrado numa empresa modelo nazista onde a disciplina é rígida. Marcel é encarregado da montagem de pistolas e de lança-foguetes. Tem de trabalhar 10 horas por dia, de pé, num ambiente pesado. Todos ao seu redor, cansados e desmotivados por essa vida miserável, só pensam em mentir, roubar, pecar. Desde logo, roubam-lhe as economias que leva.

As primeiras semanas de Marcel na Alemanha foram uma grande prova. Atravessa trevas terríveis. Não há nada ligado à fé. Começa então a procurar se existe nas redondezas alguma celebração, mas está numa província totalmente luterana. Finalmente, encontra uma pequena sala onde um padre alemão celebra a Missa de Domingo. Fica esperançoso e escreve aos pais: "Na nossa cidade só há um templo protestante. Mas uma pessoa disse-me que, daqui para a frente, todos os domingos será celebrada uma Missa por um padre alemão. À tarde fui ver o local onde decorreria. De fato, a Providência faz bem as coisas, porque esta era a questão que mais me atormentava". A sala-capela fica aberta à noite, então ele pode ser fiel à resolução que tomou no seu pequeno caderno: "Fazer uma visita de vez em quando à Igreja durante a semana". Ao fim de alguns dias escreve de novo aos pais e diz:

"É com muita alegria que soube que a capela está aberta todas as noites. Irei sempre que puder visitar Cristo e a sua Mãe; estas visitas me farão, estou convencido, um imenso bem, e darão força e coragem". Assim, Marcel percebe que Deus permite estas provas para mostrar como Ele está sempre perto daqueles que o amam; Jesus é o amigo fiel. Durante estes dias escreve também à namorada: "Aqui há muitas feridas morais a curar e palavras consoladoras a distribuir. À noite, quando regresso à minha barraca, vejo que as coisas nem estão muito más para mim porque, fazendo o bem aos outros, faço o bem a mim mesmo. Os dois meses que se seguiram à minha chegada ao exílio foram extremamente duros e pesados. Não tinha gosto para nada, era insensível e sentia que me deixava arrastar para baixo pouco a pouco. A sua [da namorada] lembrança não me largava. De repente, Cristo fez-me reagir e fez-me entender que o que eu estava fazendo não era bom. Disse-me para cuidar dos meus camaradas. Nesse dia, a alegria de viver voltou".

Dia após dia, começa a fazer contato com pessoas de boa vontade, desde escoteiros, seminaristas, estudantes católicos. Assim, vai redescobrindo os seus princípios da J.O.C., e toma como principal objetivo conseguir que o maior número de pessoas fosse à Missa de Páscoa. Durante esta altura, escreve ao irmão Jean: "Esta dolorosa separação fez-me entender um pouco melhor a vida: é no sofrimento que nos tornamos melhores... que consolo ter fé, no meio de tanto desespero moral! Sou feliz e orgulhoso de ser militante cristão e esforço-me para sê-lo sempre cada vez mais".

Sensível ao desespero dos outros, Marcel não tem receio de ultrapassar o arame farpado para ir ao encontro dos prisioneiros doentes, a quem ele pode trazer alguma ajuda e socorro. Começa a dar o pouco que tem aos outros, mesmo a comida, que já era muito reduzida. Como antes na tipografia, a sua presença impõe de imediato respeito.

Não perde a sua alegria, continua a cantar e forma um grupo de oração e reflexão. Sabe que é proibido, mas está certo de que se deve obedecer antes a Deus do que aos homens. Começam-se a espalhar os grupos e a aumentar a participação. Começa a atrair a atenção da polícia secreta nazista, a Gestapo, que o vigia cada vez mais. Não deixa, no entanto, de continuar o seu apostolado. No dia 19 de abril de 1944 é preso. Um amigo de Marcel que estava lá pergunta porque o prenderam, e o policial responde dizendo: "O senhor é demasiado católico". Outros membros do grupo também são presos. Juntos na prisão fazem a primeira vigília, recitando juntos a oração da noite e invocam o Espírito Santo, porque os interrogatórios individuais vão começar em breve. Rezam também pelos agentes da Gestapo, que os aprisionam.

Marcel é interrogado no dia 22 de abril e reconhece que dirigia a Ação Católica, que era proibida. Ordenam que destrua os livros e as fotografias da sua família e da namorada. Na noite do dia 23, cantam juntos a Missa De Angelis, ainda que sem consagração nem comunhão, mas vivendo uma profunda união espiritual. São levados depois para a prisão (estavam até então nos calabouços da polícia) e são colocados em celas separadas. Comunicavam entre si com o assobio escotista ou o assobio da J.O.C. e, assim, unem-se para orar em conjunto. São sujeitos a trabalhos forçados, mas Marcel não perde a alegria e o oferecimento permanente a Deus.

Começa a circular a informação de que os judeus estão sendo exterminados e questionam-se se a seguir não serão os católicos. Começa então a andar de boca em boca uma mensagem que traduz a convicção daqueles prisioneiros: "É uma grande alegria ser prisioneiro para acumular as graças para a juventude da França e do mundo. São necessários santos... porque não nós?" Ao mesmo tempo recebem um grande conforto espiritual: secretamente fazem-lhes chegar o Corpo de

Jesus, uma caixa com dez hóstias consagradas, para que possam comungar. Escreve Marcel num apontamento seu: "Comunhão: alegria imensa!"

Com a chegada de novos prisioneiros, são colocados todos na mesma cela e começam a viver uma verdadeira vida de família. Um cenáculo, como um deles exclamou. Feita com flores têm uma cruz, aos pés da qual fazem a oração da noite. Às quintas-feiras meditam sobre uma passagem do Evangelho. O padre que faz parte do grupo não pode celebrar a Missa, mas continua a ouvir os prisioneiros em confissão.

Certo dia, quando regressam do trabalho, são todos convocados para o campo de concentração. O padre do grupo vai para Dachau e os outros para Flossenburg. Foram despojados de tudo o que tinham e resolveram rezar o Pai-nosso, enquanto lhes tiraram os seus pertences. Quando chegaram à frase: "seja feita a vossa vontade" repetiram-na duas vezes para terem a certeza de que estava sendo bem vivida. Apesar das privações por que passavam, continuaram sempre a rezar. Conseguiram esconder um livro de orações na palha que lhes servia de cama. Nunca esconderam a sua fé católica, mesmo nos interrogatórios.

No campo de concentração, Marcel trabalha numa oficina subterrânea de montagem de aviões. A mais ínfima imperfeição era tida como sabotagem. Em fevereiro de 1945, um dos presos rouba-lhe os óculos e o trabalho torna-se para ele uma grande tortura. Há dias em que não consegue caminhar, porque tem os olhos cheios de sangue. As doenças propagam-se por todo o campo, no entanto Marcel não deixa de dizer palavras de conforto, reza muito, oferece a sua própria sopa, nunca se queixa. Testemunha alguém que estava com ele: "Apesar dos sofrimentos, Marcel permanecia sempre bom. Ele sofria de edemas nas pernas e de furunculose. Apesar de tudo, encorajava os outros. Preocupava-se com o estado de saúde deles. Confortava principalmente um companheiro angustiado pelo receio de nunca ver o filho, nascido depois da deportação".

Os sinais de doença pioram e é internado na enfermaria. É aí que encontra um homem austríaco que foi mordido pelos cães do campo. Este ficou impressionado pela coragem e doçura de Marcel. Diz dele: "Totalmente entregue a Deus... um modelo de cristão para todos os que o rodeiam".

No dia 18 de março, Marcel sai, com esforço, do seu leito. O corpo parece um esqueleto, enquanto se dirige titubeante para a fossa das latrinas. Não há assento, mas uma barra colocada propositadamente alta, pelo que muitos caem na latrina, como aconteceu a Marcel. Alguém que lá estava preso, conta que o agarrou sem que ninguém visse e o levou para o leito. Diz: "Ele já só tinha um olhar, um olhar que já via outra coisa. O olhar dele exprimia uma convicção profunda de que ele partia para a felicidade. Era um ato de fé e de esperança numa vida melhor. Nunca vi em lado nenhum e em nenhum moribundo, e eu vi milhares deles, um olhar como o dele. Ele tinha o olhar de um santo. Foi uma revelação para mim". Sucumbe devido ao mau estado da sua saúde, no dia 19 de março de 1945.

A espiritualidade de Marcel Callo é a tradução do seu compromisso escotista: "Pela minha honra e com a graça de Deus, prometo servir Deus, a Igreja e a Pátria, ajudar o meu próximo em todas as circunstâncias, observar a lei do escoteiro". Nesta fórmula de promessa, que Marcel pronunciou pela primeira vez em 18 de junho de 1934, encontramos as coordenadas fundamentais da sua vida espiritual e, consequentemente, do seu caminho de santidade.

O sentido sobrenatural será um dos seus traços fundamentais: quando tem de tomar decisões difíceis, não as encontra apenas consigo mesmo, mas tudo leva à oração. No ambiente da J.O.C. ele procura viver e difundir o plano da oração: "Viver em Deus 24 horas por dia". O plano de oração é: 15 minutos de meditação, oração, Missa e comunhão todos os dias. Além disto, ele assume para si próprio, todos os dias, uma hora de estudo e oração, para cumprir da melhor forma a sua missão. O Santíssimo Sacramento terá um lugar muito importante e queria levar muitos a viver essa relação com Deus. Um dos operários que com ele conviveu testemunha: "Quando o víamos orar [na Igreja de] Saint-Aubin, víamo-lo mergulhado na sua oração e isso influenciava-nos". Jesus Cristo é o grande amigo de Marcel, que o acompanha sempre, de forma muito especial no tempo da prisão, como escreve numa carta ao seu irmão: "Felizmente, há um amigo que não me abandona um só momento e que sabe apoiar-me e confortar-me. Com Ele até os momentos mais dolorosos e perturbadores são superados. Eu nunca serei capaz de agradecer suficientemente a Cristo por me mostrar o caminho que estou a trilhar agora".

No seu apostolado, junto dos operários, concentra-se em iniciar as pessoas na relação com Jesus Cristo. Os operários podem viver a fé cristã porque, em primeiro lugar, o próprio Jesus foi operário, trabalhando como carpinteiro. A centralidade em Cristo é um dos traços fundamentais da sua espiritualidade. Ele percebe que o "sucesso" da sua atividade apostólica depende da oração: "Deus é tudo e nós nada. Sem a ajuda de Cristo, sozinhos, os nossos esforços seriam vãos". Neste traço da sua espiritualidade encontramos a mensagem que a sua vida nos deixa hoje, como disse o papa João Paulo II na homilia da beatificação: "Aos jovens trabalhadores cristãos [Marcel] mostra o extraordinário esplendor de quem se deixa habitar por Cristo e se dedica à libertação total dos irmãos."

Outro traço da sua espiritualidade é a luta contra o pecado. Como ele diz: "Somos muitas vezes maus instrumentos nas mãos de Deus, porque temos maus hábitos e tendências negativas. O pecado diminui a nossa vida espiritual, rebaixa-nos, impede-nos de ser militantes, de nos dedicarmos. É na medida em que temos Cristo em nós que trabalharemos para o bem da comunidade. Devo cada dia tornar-me mais conforme com Cristo". A luta contra o pecado, em Marcel, não é somente uma "fuga" do mal, mas um desejo profundo de se identificar cada vez mais com Cristo. Isto mesmo refere João Paulo II na homilia da Missa de beatificação: "Marcel não chegou imediatamente à perfeição evangélica. Rico em qualidades e boa vontade, lutou muito contra a tentação do mundo, contra si mesmo, contra o peso das coisas e das pessoas. Mas, totalmente disponível à graça, deixou-se progressivamente conduzir pelo Senhor, até o martírio".

Quando Marcel Callo foi beatificado pelo papa São João Paulo II, no dia 4 de outubro de 1987, este indicou como principal testemunho da sua vida para todos os católicos de hoje: "A todos nós, leigos, religiosos, sacerdotes ou bispos, relança-nos o apelo universal à santidade: uma santidade e uma juventude espiritual de que o nosso velho mundo ocidental tanto necessita para continuar a anunciar o Evangelho". De fato, os mártires mostram sempre que a força da fé nos move até à entrega da própria vida. Por vezes, corremos o risco de levar uma vida tíbia, mas os mártires animam-nos sempre a viver a fé com coragem e de forma intrépida.

Aos escoteiros, aos trabalhadores e a todos, a entrega da vida na fé até à morte cruel, mostra como Marcel Callo pode ser um farol para todos nós, hoje. Também na nossa vida, a fé deve nos levar a seguir com seriedade os caminhos que Jesus indica, mesmo que no meio das piores trevas.

Beata Chiara Badano

"NÃO DEVO FALAR DE JESUS, MAS DEVO OFERECER JESUS COM O MEU COMPORTAMENTO"

Apresentamos aqui a vida de uma jovem muito bela exteriormente, mas prestamos atenção à sua vida por causa da sua beleza interior, que é a principal beleza, como ela repetia: "Bela por dentro". Quando falamos de CHIARA BADANO estamos falando de um exemplo de amor total. Não podia ser apenas um amor de fachada, só para os outros verem, mas tinha de ser um amor total, como ela dizia certa vez: "Esforço-me por amar em casa e fora dela". Vemos como Chiara, que teve uma especial compreensão do que é o amor de Deus, quis corresponder com um amor total.[3]

Filha de Ruggero e Maria Teresa Badano, Chiara nasceu no dia 29 de outubro de 1971, em Savona, no Norte de Itália. Os pais tiveram muita dificuldade em engravidar, sendo Chiara uma filha muito desejada, depois de onze anos do casamento. Cresceu na aldeia de Sassello, lugar próximo do mar e rodeado por bosques. A sua família pode ser caracterizada por três adjetivos: simples, humilde e hospitaleira.

Chiara foi consagrada a Nossa Senhora ainda bebê e a mãe ensinou-a a rezar desde muito pequena. Desde muito cedo, há várias características que manifestam, de forma particular a sua grande determinação nas pequenas coisas do dia a dia. Outro aspecto da sua formação, desde tenra idade, é o amor aos pobres: sendo filha única,

---

[3] A presente biografia foi redigida a partir dos dados de Mariagrazia MAGRINI, *Um olhar luminoso: Beata Chiara Badano*, Prior Velho, Paulinas, 2013.

os pais temiam que pudesse ser mimada e egoísta, tendo sido educada, desde cedo, para a sensibilidade em relação aos mais frágeis. Isto nota-se sobretudo no altruísmo que desenvolve. A este respeito é bonito o episódio relatado pela sua mãe: certa vez, convidou-a a arrumar o seu quarto e a separar alguns brinquedos para dar aos pobres. Respondeu: "São meus!" Poucos momentos depois, ouve-se uma vozinha: "Este sim, este não…" Estava separando os brinquedos mais bonitos dos que estavam em pior estado; surpresa foi quando escolhia os melhores para as crianças pobres, dizendo: "Não posso dar aos meninos pobres brinquedos estragados!"

O Jardim Infantil será muito importante: esta instituição dirigida por religiosas foi fundamental devido à total harmonia de valores entre o que vivia em casa e o que aprendia na escola. De forma particular, a união entre a fé e a caridade: estava muito consciente de que a amizade com Jesus conduz ao amor ao próximo. Ao mesmo tempo, é testemunha desde cedo de uma profunda alegria, com risadas que animam todos os que as escutam.

Em 1977, entra para a escola e, em 27 de maio de 1979, faz a Primeira Comunhão. Para este dia faz dois propósitos: em primeiro lugar, "Tenho de estar muito atenta para não fazer com que te [a mãe] zangues, para não fazer nada feio porque, naquele dia, devo receber Jesus. Devo ser muito boa". Segundo propósito: "Daqui em diante, terei de oferecer-lhe [a Jesus] mais atos de amor". No dia da Primeira Comunhão, o pároco oferece a cada criança um pequeno Evangelho, outro elemento que será marcante para a sua espiritualidade.

Ao mesmo tempo que se desenvolve espiritualmente, também ganha grande gosto pelo exercício físico. Este gosto surgiu, antes de mais, pelas montanhas próximas de onde vivia, que lhe propiciavam caminhadas e autênticos mergulhos na natureza. Ao mesmo tempo, apaixona-se pela prática de tênis. Também ocupa os tempos livres cantando e recebe lições de piano, participando em algumas provas e ensaios. Além de toda esta atividade, procura ainda momentos de recolhimento e contemplação da natureza e de leitura.

Quando frequenta o 3º ano da escola conhece o Movimento dos Focolares. Faz seu o ideal focolarino e entra nos Gen: grupo de jovens e crianças que procura aprofundar a vivência do Evangelho e oferecer a Jesus pequenos gestos de amor. Este grupo será muito importante para o desenvolvimento da sua vida cristã. Os pais consentem e responsabilizam-na, deixando-a viajar sozinha para a localidade dos encontros. É nas viagens de ônibus que conhecerá Chicca, dois anos mais velha do que ela e que se tornará uma grande amiga.

Esta experiência espiritual e eclesial ajuda Chiara a aprofundar a vivência da fé cristã. É muito bonito que pretenda testemunhar Jesus Cristo através dos seus gestos e atitudes, como ela própria diz: "Não devo falar de Jesus, mas devo oferecer Jesus com o meu comportamento". A propósito da vivência do percurso formativo do Movimento dos Focolares, que vai lançar as raízes da sua vida espiritual, encontramos o seu propósito: "Quero amar quem me é antipático... Compreendi a importância de 'cortar', para fazer a vontade de Deus; depois, ainda aquilo que Santa Teresinha escrevia: que, 'antes de morrer a golpes de espada, é preciso morrer nas pequenas coisas'. Lembro-me de que as pequenas coisas são aquilo que não faço bem ou, então, as pequenas dores que procuro evitar. Assim, quero caminhar em frente amando todos nas pequenas coisas". Este propósito poderá vivê-lo desde cedo quando é provocada por todos, porque vai à Missa não só aos domingos, mas também aos dias de semana, por se esforçar por ser boa aluna e por estar sempre disponível. No entanto, exercita a grande união a Jesus, juntamente com o seu caráter firme. É marcante o que escreve num postal de 1982: "Todos nós somos chamados a preparar o caminho para Jesus, que quer entrar em cada um de nós, nas nossas famílias. Unidos, empenhemo-nos a viver para recebê-lo, para amá-lo, para que não sejamos nós mas Ele, para ajudá-lo a construir na terra a nova cidade de Deus".

Recebe o sacramento do Crisma, no dia 30 de setembro de 1984. Fortificada pelo sacramento do Espírito Santo, viveu-o com muita consciência e alegria, fortalecida para viver a opção fundamental pelo amor. Dos presentes que recebeu, doou metade para as crianças que morriam de fome na África. Esta é uma marca profunda da sua vida espiritual: procura viver o seu cotidiano no serviço aos outros.

Vai desenvolver uma grande devoção a "Jesus abandonado", que trata pelas iniciais G.A. (=*Gesù Abbandonato*) como expressão da confiança total nas mãos de Deus. Esta referência surge quando tem 12 anos e é apresentada num congresso do Movimento, como ela escreve: "Para mim, a realidade mais importante, durante este congresso, foi descobrir Jesus Abandonado. Anteriormente, eu vivia-o demasiado superficialmente aceitava-o para, depois, esperar a alegria. Neste congresso, compreendi que estava confundindo tudo. Não devo instrumentalizá-lo, mas apenas amá-lo".

Quando chega o tempo de Chiara frequentar o liceu, toda a família se muda para Savona, para um apartamento que aí possuía. Surgem as situações normais de dificuldade de adaptação, pela mudança de cidade e de escola, mas Chiara vive estas dificuldades unida ao seu G.A. É uma moça muito normal, mas ao mesmo tempo com um grande sentido transcendente da vida. No liceu tem alguma dificuldade com a matemática e custa-lhe muito a antipatia de uma professora, a de letras. Todas estas circunstâncias permitem a irrupção da sua vida espiritual, que viverá sem interrupções até o fim. De forma particular nas dificuldades, quando reprova de ano, que foi uma grande dor, devido à relação difícil com aquela professora, no meio de diversas injustiças. No entanto, Chiara nunca formulou um juízo ou uma palavra negativa sobre a professora. Consegue perceber a união com Jesus, chegando a escrever: "Paciência! Ofereço tudo a Jesus Abandonado".

No seu cotidiano procura uma proximidade particular com os mais frágeis, por exemplo, quando nas atividades da escola acolhe os colegas mais tímidos. A este respeito, é particularmente interessante o que testemunha uma amiga sua: "Recebi de Chiara uma grande lição: aprendi a amar mais o próximo, a saber ouvir os outros e a oferecer por eles uma parte do meu tempo".

Em 1988, começam a surgir os primeiros sinais da doença, manifestando alguns momentos de cansaço, leve nervosismo e falta de vontade. Podemos dizer que neste início de ano de 1988 entramos no último capítulo da vida de Chiara. Muitos dos seus colegas e professores notavam que estava muito pálida, mas desdramatizava sempre e oferecia tudo a Jesus. No entanto, no verão, durante um jogo de tênis, sentiu uma dor muito forte, que a fez deixar cair a raquete ao chão. A dor ia aumentando e levaram-na ao hospital. Fizeram uma radiografia e enfaixaram o tórax, ficando assim durante vários dias. Depois, começou a ter alguma febre e o inchaço no ombro aumentou e endureceu. Apesar de todos estes sinais preocupantes, Chiara mostrava-se sempre serena e confiante.

No início de 1989, entra para a seção de pneumologia: sofria muito e nem conseguia encontrar uma posição para descansar, mas quem a visitava ficava impressionado com a sua alegria e disponibilidade para ajudar os outros internados, esquecendo-se de si própria. Depois de uma TAC, o médico pôde dizer aos pais que ela tinha um tumor muito agressivo. Foi no dia 2 de fevereiro. Há um aspecto que será marcante nesta reta final da vida de

Chiara: são vários os momentos em que se encontra um paralelo com a Paixão de Jesus. Desde que fora conhecido o diagnóstico em 2 de fevereiro, recordando a espada de dor que traspassará o coração de Nossa Senhora.

Em 7 de fevereiro foi internada para ser operada. Antes disso, dirigiu-se a um Santuário de Nossa Senhora, para se confessar e comungar, antes da internação. Enquanto estava na Igreja, o carro foi assaltado e roubaram as malas. Recordamos Jesus despojado das suas vestes. A mãe de Chiara ficou muito perturbada com a situação, ao que a filha disse: "Oh mamãe, não se preocupe: haveremos de encontrá-los no paraíso!" Durante a internação, quem a visitava encontrava-a serena e alegre. No dia 16, fizeram uma biópsia e revelou-se o diagnóstico final – um tumor ósseo de último grau.

Foi transferida para um hospital pediátrico onde foi operada no dia 28 de fevereiro. A operação deixou-a exausta. Nos dias seguintes se recupera da operação, mostrando-se sempre alegre e em paz com quem a visita. Diante da sua situação, os amigos que a visitam sentem-se profundamente tocados pelo seu testemunho de confiança em Deus. É particular o que testemunha um amigo: "Estar perto dela obrigava-nos a ser transparentes em relação a nós mesmos, a focar nas coisas que importam; éramos quase obrigados a falar apenas das coisas importantes de Deus, e a pôr de lado as banalidades". No dia 14 de março é internada e alternam-se os exames clínicos e a quimioterapia. Com este tratamento, tem de cortar o cabelo, que ela pede que seja raspado totalmente. A cada passagem da lâmina, repete: "Por ti, Jesus!" Vive todo o processo de tratamentos com total confiança em Deus. Ainda que muitas pessoas pedissem o milagre da sua cura, ela está totalmente confiante na vontade de Deus, como quando diz a uma tia: "Eu nunca me curarei; já o percebi. Devo fazer a vontade de Deus, e estou disposta a fazê-la". Esta atitude de permanente oferecimento a Deus é fundamental, como quando dizia: "Tudo é redimensionado, mesmo nos momentos mais terríveis, se for oferecido a Jesus. Portanto, a dor não se perde, mas ganha sentido quando é oferecida a Jesus!"

Quando deixa de andar, sente muita tristeza. Como partilha várias vezes, gostaria de voltar a andar de bicicleta. No entanto, aprofunda a comunhão com Deus e diz: "Se agora me perguntassem se eu quero andar, eu diria que não, porque assim estou mais perto de Jesus".

Ao longo dos meses, sucedem-se os tratamentos, vivendo cada vez mais a grande união a Jesus. Por exemplo, quando passa uma noite com muitas dores e sofrimentos, diz à mãe: "Mãezinha, foi uma noite terrível, mas não desperdicei um único momento, porque ofereci tudo a Jesus." Quando celebra o seu aniversário ganha um cãozinho, que será uma grande alegria para ela naqueles últimos meses de vida. Também recebe muitos presentes, joias e dinheiro: pede que tudo seja vendido e o dinheiro entregue aos pobres. Quando se aproxima do final do ano, querem dar-lhe morfina para não sentir dores; pede que não lhe administrem esse nem outro fármaco que reduza o sofrimento, para poder oferecer tudo a Deus, era a única coisa que podia oferecer a Jesus.

No dia 13 de maio de 1990, pede para suspender os tratamentos. Percebe que não há mais nada a fazer e que, assim sendo, prefere regressar à sua aldeia de Sassello. Quando deixa o hospital, diz: "Agora estou cada vez mais próxima de Jesus. Tenho de me preparar para me encontrar com Ele". Durante aquele tempo na casa dos pais, cuida deles, pede-lhes que se cuidem um do outro e chega a preparar programas para os pais passearem, jantarem juntos, estarem unidos. Será também nesta fase final da sua vida que Chiara Lubich, fundadora do Movimento dos Focolares, dará a Chiara o nome

"*Luce* – Luz", pela luz que irradia do seu sorriso, testemunho da sua fé.

Vive os últimos dias com o profundo desejo de encontro com Jesus, como ela diz: "Jesus espera-me; estou pronta para quando vier buscar-me". Chega o dia 7 de outubro de 1990. As suas últimas palavras são: "Mãezinha, adeus. Fica feliz porque eu também estou". Morre às 4h10, do dia 7 de outubro, dia de Nossa Senhora do Rosário. O funeral foi um momento de verdadeira festa do Céu, como Chiara pediu à mãe para quando preparasse o seu corpo para as exéquias: "Quando me vestires, não deves chorar, mas dizer: 'Agora, Chiara Luz já não sofre, vê Jesus'".

Quem conviveu com Chiara aponta dois aspectos fundamentais da sua espiritualidade: por um lado, perceber o que é fundamental no Cristianismo, isto é, desejar uma grande coerência da vida com a fé. Por outro lado, a fortaleza e a serenidade, que surgem do amor a Deus.

Encontramos a síntese de ambos os aspectos na invocação do G.A., de Jesus abandonado. É assim que ela pode viver contracorrente. A vivência do sofrimento durante o tempo de doença também mostra elementos fundamentais. Há dois aspectos que devem ser sublinhados: por um lado, a dimensão cristológica, na união ao seu G.A., isto é, não quer viver o sofrimento por estoicismo, mas como meio para estar mais unida a Jesus. Em segundo lugar, tem uma consciência muito forte da eficácia apostólica do sofrimento: vivido com Jesus e oferecido a Jesus, pode produzir muitos frutos de fé, esperança e caridade nas pessoas; por isso, oferece os seus sofrimentos a Jesus como a sua forma de participar na missão da Igreja, por exemplo, durante a Jornada Mundial da Juventude de 1989, em Santiago de Compostela: não podendo participar, oferece os seus sofrimentos pela eficácia dos que participarão, especialmente os que eram membros do Movimento dos Focolares.

Um dos traços importantes da espiritualidade de Chiara é o contato próximo com o Evangelho, em particular, e com a Sagrada Escritura, em geral. Como ela escreveu quando tinha 14 anos: "Redescobri o Evangelho sob uma nova luz. Compreendi que não era uma cristã autêntica porque não o vivia profundamente. Agora quero fazer deste livro magnífico o meu único objetivo de vida. Não quero e não posso continuar analfabeta de tão extraordinária mensagem".

Depois, a vivência da Eucaristia, enquadrada no plano mais amplo da vida de oração. Também a devoção mariana. Quer na vivência da Eucaristia, quer na devoção a Nossa Senhora, encontramos como síntese da sua espiritualidade o abandono total à vontade de Deus. A frase que repetia: "Se Tu o queres, Jesus, também eu o quero" é a expressão mais bela do desejo constante de em tudo e por tudo estar sempre de acordo com a vontade de Deus.

Finalmente, na sua espiritualidade encontramos a admiração pela presença de Deus: principalmente nos pobres e fracos, de quem procura cuidar como se fossem Jesus. A este respeito, podemos recordar quando recebe em casa uma colega de escola que era órfã e pobre. Chiara pede à mãe: "Mamãe, põe a toalha mais bonita, porque hoje é Jesus que está à mesa conosco". Depois, admira-se também com a presença de Deus na natureza: tanto no gosto pelo esporte, como nos momentos de recolhimento nas montanhas, encontra tempo para agradecer os grandes dons de Deus.

A atualidade da espiritualidade de Chiara Badano reside não só na proximidade cronológica conosco, mas sobretudo na convicção de fé que conduz toda a sua vida: "Deus ama-me imensamente". Compreende a realidade da fé e é consequente com essa convicção. Vive o primado de Deus, primado que se mostra como desejo de Deus. Numa sociedade que tantas vezes parece longe de Deus ou em que Ele é considerado secundário, Chiara mostra a sua absoluta primazia e a necessidade que todos temos de dar a Deus o seu lugar na nossa vida.

Outro aspecto que mostra a sua atualidade é o permanente desejo de fazer a "santa viagem", isto é, o propósito de ser santa. Esta é a chave hermenêutica do Concílio Vaticano II, que Chiara encarna plenamente e que mostra a nós, hoje, como viver.

Finalmente, também é para nós, hoje, testemunho do cuidado com os afastados, mostrando como devem ser os nossos prediletos. Cuidar de todos e procurar chegar a todos, para levar todos até Deus.

Beato Carlo Acutis

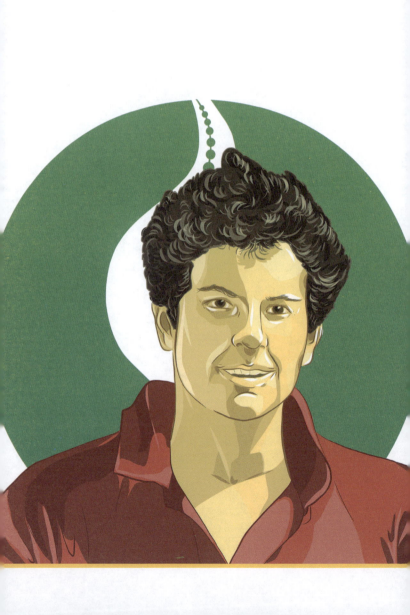

"A EUCARISTIA É O MEU CAMINHO PARA O CÉU"

É possível ser santo no mundo digital? CARLO ACUTIS é o exemplo de que é possível viver, hoje, os caminhos da santidade. Ser santo não é algo do passado, mas é algo que pode ser realidade no mundo de hoje. No grupo de amigos, com calçado esportivo, andando de bicicleta, com um grande gosto pela informática, vemos como é possível ser santo no meio da internet e como também nós somos chamados a levar Deus ao mundo digital.[4]

Filho de pais italianos, Carlo nasceu no dia 3 de maio de 1991, em Londres, onde Antonia e Andrea Acutis viviam por razões profissionais. Os pais eram os típicos "católicos culturais", ou seja, tinham pela família reverência aos valores católicos, mas não praticavam a fé de acordo com o que deve ser o normal e habitual para qualquer católico. No entanto, por causa da insistência de uma avó, batizaram-no bastante cedo, ainda em Londres.

Quando Carlo era ainda muito novo, regressaram à Itália e encontraram casa em Milão. Esta cidade é a "capital" financeira da Itália: ali encontramos famílias muito ricas, ao mesmo tempo que encontramos muitos pobres, pessoas mais simples e imigrantes, em busca de alguma oportunidade na vida. É, por isso, uma cidade de grandes contrastes sociais.

Membro de uma família abastada e com os pais muito dedicados ao trabalho, Carlo desde cedo foi confiado a

---

[4] A presente biografia foi redigida a partir dos dados de R. FIGUEIREDO, *Não eu, mas Deus: Biografia espiritual de Carlo Acutis*, São Paulo, Paulus, 2020.

amas para cuidarem dele. Uma destas amas, de origem polaca, instruiu Carlo na fé e ensinou-lhe os primeiros elementos de vida cristã. Por vezes, ia pela rua com a mãe e pedia para ir a uma igreja para saudar Jesus ou para dar um beijinho a Nossa Senhora. Aos poucos foi crescendo e, como qualquer criança, começa a colocar questões cada vez mais complicadas. Quando a mãe deixou de conseguir responder às suas perguntas sobre Jesus e sobre a Igreja, pediu para ser recebida por um padre, pedindo para trazer Carlo para que o sacerdote esclarecesse as suas dúvidas. No entanto, o padre fez uma contraproposta: porque não estudava Antonia o Catecismo e a fé para responder às questões do filho? Aceitou e começou o seu caminho de fé, que a levou a, hoje em dia, viver de forma muito profunda a vida cristã.

Além dos sinais de vida espiritual que surgem em Carlo desde cedo, encontramos também uma grande disposição para o voluntariado e para se envolver em diversas ações de cuidado com os mais fracos e pobres. Carlo não se valeu da sua condição social para desprezar os que estavam numa situação inferior, mas percebeu muito bem que os verdadeiros valores se mostram nas atitudes concretas. Por isso, Carlo dizia: "As pessoas que têm muitos meios econômicos ou títulos nobiliárquicos não se devem orgulhar, fazendo com que os outros se sintam embaraçados. Os títulos nobiliárquicos e o dinheiro são apenas montes de papel; o que conta na vida é a nobreza da alma, ou seja, a maneira como se ama a Deus e se ama o próximo".

Viveu a sua infância no final dos anos 90 e início dos anos 2000, o que fez com que experimentasse a democratização da informática. Demonstrou grande facilidade com os computadores e para se aprimorar no uso das tecnologias. Mas não vivia esta paixão pelo mundo digital fechado em si mesmo: colocava o que aprendia a serviço dos outros, criando conteúdos para a divulgação das ações de voluntariado e outras campanhas na escola. Também usou os meios informáticos para criar elementos para a formação cristã, como vídeos para expor alguns aspectos da doutrina católica e, ainda, a criação da exposição sobre os milagres eucarísticos.

Outro traço marcante da personalidade de Carlo era a sua grande coragem. Na escola, não receava afirmar aquilo em que acreditava e defender a fé e a moral católica, por vezes, sozinho frente a toda a turma. Escolhia os seus melhores amigos entre os mais fracos e desprezados da escola. Todos estes elementos mostram a grande harmonia interior de Carlo, que ele sintetizou muito bem na frase-guia da sua vida: "Todos nascem como originais, mas muitos morrem como fotocópias". Não temia ser original, ainda que isso pudesse não atrair muitos aplausos. Importava ser fiel a Deus e àquilo em que acreditava.

Como já se disse antes, os seus pais eram bastante abastados. Por isso, por várias vezes tinha oportunidade de viajar. Quando chegava o momento de escolher algum destino de férias em família, escolhia sempre algum lugar em que pudesse visitar um santuário ou outro lugar importante para a fé católica. Foi com estas viagens que desenvolveu a exposição dos milagres eucarísticos, que o trouxe a Portugal, a visitar além de Fátima, também Santarém, muito especialmente a Igreja do Milagre, em que de uma hóstia saiu sangue.

Sendo membro de uma família abastada, Carlo não caiu no perigo de viver uma vida isolada. Antes, pelo contrário, não só no ambiente escolar, mas também no seu bairro procurava chegar a todos. Em primeiro lugar, pela sua simpatia natural: percorria as portarias dos vários condomínios para cumprimentar os porteiros, muitas vezes imigrantes em situações fragilizadas. Tinha também uma particular atenção pelos pobres, muitas vezes gastando o dinheiro que recebia para comprar sacos de dormir ou agasalhos para os sem-teto, ou dando dinheiro para uma estrutura dirigida pelos franciscanos de Milão para dar comida a estas pessoas. O coração de Carlo não tinha limites em relação a ninguém e a todos acolhia com bondade, simpatia e desejo de que essa pessoa pudesse se encontrar com Deus.

A morte não surgia diante de Carlo como algo estranho ou como uma fatalidade. A este respeito, conta Andrea, pai de Carlo: "O meu filho vivia uma vida absolutamente normal, mas tinha em mente que mais cedo ou mais tarde devemos morrer. De fato, muitas vezes, quando lhe pediam alguma coisa para o futuro, respondia: 'Sim, se ainda estivermos vivos amanhã e depois de amanhã porque não posso assegurar quantos anos viveremos, porque o futuro só o conhece Deus'". A consciência de que a vida é breve e de que a qualquer momento devemos estar preparados para ir ao encontro de Deus é fundamental. Mas a consciência tranquila só pode nascer de uma profunda união com Deus. Por isso, pouco antes de morrer, Carlo podia dizer: "Estou contente por morrer, porque na minha vida não estraguei nem um instante em coisas que não agradassem a Deus".

No início de setembro de 2006, surgiam os primeiros sinais de doença. Várias idas a médicos resultavam em diagnósticos diferentes. Quando recebeu a notícia de que sofria de leucemia fulminante, percebe que o tempo que lhe resta é muito pouco. "O Senhor deu-me um 'despertador'", diz Carlo. Percebe que tem agora a reta final da vida terrena pela frente e quer vivê-la da melhor forma. Qual a melhor forma de viver um sofrimento? Entregá-lo a Deus. É isso que ele faz quando formula a sua intenção: "Ofereço todos os sofrimentos que deverei padecer ao Senhor pelo Papa e pela Igreja, para não passar pelo Purgatório e ir direto para o Céu".

Durante aqueles últimos dias marca todos aqueles que com ele se cruzam, dos médicos aos enfermeiros e o restante pessoal auxiliar, com o sorriso sempre pronto, mesmo no meio dos maiores sofrimentos. Entra em coma no dia 11 de outubro e é declarada a morte cerebral na madrugada do dia 12 de outubro de 2006. Uma vida breve, mas totalmente cheia da força do Evangelho de Jesus. É grande a multidão que acompanha o seu funeral, testemunhando a sua grande bondade e a forma como a todos marcava pela transparência da luz de Deus.

Uma vida tão jovem como a de Carlo podia correr o risco de ser uma vida vazia. No entanto, ele quis sempre preenchê-la com o que encontrava de melhor. Assim, podemos dividir a sua espiritualidade em vários aspectos importantes. Decidimos assinalar sobretudo quatro: a sua devoção eucarística; a vida de oração; o amor aos pobres e o gosto pela informática.

Uma das frases mais conhecidas de Carlo é: "A Eucaristia é o meu caminho para o Céu!" Carlo teve uma particular consciência do significado do sacramento da Eucaristia para nós católicos. Não é só memória do passado, mas é presença real de Jesus hoje na vida da Igreja e de cada um dos crentes. Para Carlo, a Eucaristia era não só uma presença estática, mas uma ação dinâmica de Jesus na alma dos que o recebem. Por isso, dizia também: "Quanto mais recebermos a Eucaristia, mais nos tornaremos parecidos com Jesus, e já nesta terra anteciparemos o gosto do Paraíso". Receber Jesus é tornar-se parecido com Ele, ou seja, ter os mesmos gestos de amor e serviço e as mesmas palavras de louvor e perdão. A devoção eucarística de Carlo nascia da consciência da presença real de Cristo: comungar não é receber uma "coisa", mas entrar em relação com a pessoa de Jesus Cristo, verdadeiro Deus e verdadeiro Homem, que se doa a si mesmo. Não nos dá "qualquer coisa", mas se dá a si mesmo, como alimento, para que todos nós participemos da vida de Deus.

Em segundo lugar, a vida de oração. Para Carlo a oração era sempre o diálogo íntimo com Jesus, como ele próprio dizia: "Gosto de falar com Jesus de tudo o que vivo e sinto". Neste diálogo íntimo com Jesus, encontrava luz na Palavra de Deus, especialmente nos Evangelhos, onde sempre encontrava uma passagem que iluminava alguma coisa difícil que estava acontecendo na sua vida. Por isso, dizia também: "Com o Senhor tudo se reordena, se compensa, se reequilibra, se purifica". A oração deixa de ser apenas um exercício psicológico, para ser o momento da amizade e do diálogo com Deus. Na oração encontra-se o fundamento da vida espiritual do Beato Carlo, porque é da seiva que recebe da oração que se alimenta toda a sua espiritualidade.

Em terceiro lugar, Carlo mostra como o amor aos pobres ocupa um lugar importante na vida espiritual dos cristãos. Admirava muito o modelo de São Francisco de Assis. Para um cristão, um pobre é outro Cristo e, assim, também Carlo se lançava totalmente a ajudar os mais carentes. No entanto, a ajuda aos pobres não pode ser uma simples assistência, mas um dar-se a si mesmo, gastando-se, como fazia Carlo, que dava o dinheiro que recebia e as coisas que tinha para ajudar os mais necessitados.

Finalmente, faz parte da sua espiritualidade o gosto pela informática. Como uma amiga de Carlo refere que ele dizia: "Se se sabe usar o computador verdadeiramente, deve-se estar ao nível de também saber decifrar os programas, caso contrário, significa que se é um simples operador e não um programador". Na maneira como lidava com a informática encontramos a forma como lidava com a vida: tomá-la totalmente e por dentro, para viver plenamente a vocação cristã. Só assim pode usar os meios digitais sem o risco de cair nos seus perigos: não se deixa dominar pelas tendências do momento, mas usa para levar Cristo através da internet. Nos seus computadores não foi encontrado qualquer resquício de mau uso: tudo o que se encontrava nos registos era material da escola ou de evangelização.

A atualidade do testemunho de Carlo Acutis encontramos sintetizada no que o papa Francisco afirmou a seu respeito na Exortação Apostólica *Christus vivit*: "Não caiu na armadilha. Via que muitos jovens, embora parecendo diferentes, na verdade acabam por ser iguais aos outros, correndo atrás do que os poderosos lhes impõem através dos mecanismos de consumo e sedução. Assim, não deixam brotar os dons que o Senhor lhes deu, não colocam à disposição deste mundo as capacidades tão pessoais e únicas que Deus semeou em cada um. Na verdade, 'todos nascem – dizia Carlo – como originais, mas muitos morrem como fotocópias'. Não deixes que isto te aconteça!" (n. 106). A atualidade do seu testemunho não está só no fato de usar calças *jeans* e de gostar de computadores, mas está, sobretudo, no fato de ter correspondido ao chamado de Deus no seu cotidiano. Não se queixava que este tempo é um tempo difícil para se ser cristão, mas lançava-se com entusiasmo a anunciar Jesus, a falar da importância de ir à Missa e de como Jesus está presente na celebração de cada Eucaristia.

Cada um de nós é chamado a ser santo, hoje, nas circunstâncias em que vive, com o caráter e os defeitos que tem, mas também com as virtudes e as coisas boas que sabe fazer. Carlo é exemplo disto mesmo. Com ele, podemos ver que deve ser normal na vida de qualquer jovem ter as distrações saudáveis, da informática ao *Playstation*, e ser, ao mesmo tempo, profundamente fiel a Deus e à vida cristã. Importa aprender a ver a oportunidade que se esconde atrás do que parece ser um desafio difícil. A respeito da forma como Carlo é exemplo disso mesmo, encontramos o que escreveu o papa Francisco na Exortação Apostólica dirigida aos jovens:

"Recordo-te a boa notícia que nos deu a manhã da Ressurreição, ou seja, que, em todas as situações escuras ou dolorosas mencionadas, há uma via de saída. Por exemplo, é verdade que o mundo digital pode expor-te ao risco de te fechares em ti mesmo, de isolamento ou do prazer vazio. Mas não esqueças a existência de jovens que, também nestas áreas, são criativos e às vezes geniais. É o caso do jovem Carlo Acutis" (n. 104).

Finalmente, Carlo nos mostra como podemos correr o risco de viver a fé a sério e como é um risco que vale muito a pena viver. Carlo dizia: "Não eu, mas Deus. A santidade não é um processo de soma, mas de subtração: menos eu para deixar espaço a Deus". Viver a fé é deixar este espaço a Deus e este espaço encontra-se quando recusamos o egoísmo, a vida centrada em si mesmo, e passamos a deixar espaço para Deus. Hoje em dia, fala-se muito de espiritualidade, mas quem está realmente disposto a deixar espaço para Deus? Temos muita dificuldade em deixar surgir estes vazios dentro de nós, mas vamos aprendendo como estes espaços vazios são a oportunidade de Deus fazer brilhar a sua glória. Isto aconteceu em Carlo: deu espaço a Deus e Deus manifestou a luz da ressurreição na vida deste adolescente.

SUMÁRIO

Uma peregrinação de fé e alegria 5

PREFÁCIO 9

SÃO JOÃO PAULO II 13
    Incasável missionário da paz

SÃO JOÃO BOSCO 21
    "Pai e mestre da juventude"

SÃO VICENTE 29
    Testemunha da caridade e evangelização

SANTO ANTÔNIO DE LISBOA 35
    Incansável missionário e apaixonado
    pelas Sagradas Escrituras

SÃO BARTOLOMEU DOS MÁRTIRES 43
    "Arcebispo santo, pai dos pobres e dos enfermos"

SÃO JOÃO DE BRITO 51
    O "Francisco Xavier" de Portugal

BEATA JOANA DE PORTUGAL 59
    A beleza da fé e da compaixão

BEATO JOÃO FERNANDES 65
    Exemplo de fortaleza e coragem

BEATA MARIA CLARA DO MENINO JESUS 73
    "Fazer o bem onde houver o bem a fazer"

BEATO PIER GIORGIO FRASSATI 79
    "Um homem completo e um cristão pleno"

BEATO MARCEL CALLO **87**
   Uniu a alegria da juventude
   e o caminho da vida cristã

BEATO CHIARA BADANO **103**
   "Não devo falar de Jesus, mas devo
   oferecer Jesus com o meu comportamento"

BEATO CARLO ACUTIS **115**
   "A Eucaristia é o meu caminho para o Céu"

Dados Internacionais de Catalogação na Publicação (CIP)
Angélica Ilacqua CRB-8/7057

Patronos da JMJ: Lisboa 2023 / [Jornada Mundial da Juventude].
São Paulo: Paulus, 2022.

ISBN 978-65-5562-629-2

1. Igreja Católica - Trabalho com jovens 2. Juventude – Igreja Católica I. Jornada Mundial da Juventude - Lisboa

22-1932

CDD 253.7
CDU 253

Índice para catálogo sistemático
1. Igreja Católica - Trabalho com jovens